实战电商

职业教育电子商务专业实战型规划教材

微课版

网店装修
（第二版）

主　编◎庄标英

副主编◎李健柔

参　编◎邓洁莹　董夙愿

葛荣光　梁彦君

张　萍　钟燕华

WANGDIAN

ZHUANGXIU

PPT课件　电子教案　教学素材　微课视频　训练习题

中国人民大学出版社

· 北京 ·

图书在版编目（CIP）数据

网店装修 / 庄标英主编. --2 版. -- 北京 : 中国人民大学出版社，2021.11
职业教育电子商务专业实战型规划教材
ISBN 978-7-300-29466-7

Ⅰ. ①网… Ⅱ. ①庄… Ⅲ. 网店－设计－高等职业教育－教材 Ⅳ. ① F713.361.2

中国版本图书馆 CIP 数据核字（2021）第 116182 号

职业教育电子商务专业实战型规划教材
网店装修（第二版）
主　编　庄标英
副主编　李健柔
参　编　邓洁莹　董夙愿　葛荣光　梁彦君　张　萍　钟燕华
Wangdian Zhuangxiu

出版发行	中国人民大学出版社		
社　址	北京中关村大街 31 号	**邮政编码**	100080
电　话	010－62511242（总编室）		010－62511770（质管部）
	010－82501766（邮购部）		010－62514148（门市部）
	010－62515195（发行公司）		010－62515275（盗版举报）
网　址	http://www.crup.com.cn		
经　销	新华书店		
印　刷	北京瑞禾彩色印刷有限公司	**版　次**	2016 年 11 月第 1 版
规　格	185mm × 260mm　16 开本		2021 年 11 月第 2 版
印　张	15.25	**印　次**	2022 年 9 月第 2 次印刷
字　数	338 000	**定　价**	55.00 元

PREFACE

前言

“网店装修”是职业教育电子商务专业的一门核心课程，主要介绍网店美工设计及装修的基本理论、基础知识和基本技能。本书根据职业院校学生的特点，对接职业技能等级标准的基本要求，以网店装修工作岗位为依据，体现理论与实践相结合的编写指导思想，使学生在学习本书后，对网店装修的基本知识和技能有一个较为全面的掌握，为今后从事网店装修工作打下扎实的基础。

本书以网店装修的工作过程为导向，以淘宝网为平台，以项目任务式为编写结构，讲述了网店装修的基本知识和技能应用，主要设计了店铺视觉规范、吸引眼球的海报、勾起点击欲的主图、引起购买欲的详情页、店铺首页、自定义页面装修共六个学习情境。

本书遵循学生的认知规律，以行动导向教学模式为主导，对每个学习情境下的任务设置了“课前导学”“知识探究”“流程计划”“设计决策”“任务实施”“同步实训”“实训笔记”等栏目，突出系统化知识的提炼与总结，强调实践能力的培养。

下面以学习情境二中的第一个任务为例来介绍本书的框架结构：

学习情境二　吸引眼球的海报

【学习目标】知识目标，技能目标 。

【情境引入】创设本工作情境的背景和缘由，发布任务单。

任务一　海报文案

【课前导学】课前观看微课自学后，提出疑问，并思考问题。

【知识探究】介绍完成本任务需要掌握的知识点。

【流程计划】要完成一项工作任务，首先要制订一个计划，即做出具体的安排。

【设计决策】将所制订的计划以某种方式确定下来，包括领导审批或集体讨论确定。

【任务实施】按前面的决策完成工作任务。

【同步实训】完成一项与本任务类似的实训，帮助巩固所学知识。

【实训笔记】记录学习过程和任务实施中的重要知识点、所需要的学习应用资源，以及老师指导任务时提出的要点。

【情境考核】学完整个学习情境后的一个考核检测。

【拓展训练】将在本情境学到的实操技能应用到自己的店铺中。

全书共分为六个学习情境，建议每周6学时，共计108学时。具体分配如下。

学习情境	内容	理论学时	实训学时	学时合计
学习情境一	店铺视觉规范	8	4	12
学习情境二	吸引眼球的海报	6	12	18
学习情境三	勾起点击欲的主图	4	8	12
学习情境四	引起购买欲的详情页	6	18	24
学习情境五	店铺首页	6	18	24
学习情境六	自定义页面装修	6	12	18
总计学时		36	72	108

本书是校企合作的结晶，由中山市建斌职业技术学校、中山市第一职业技术学校、佛山市顺德区陈登职业技术学校与中山市盛乔广告传媒有限公司合作开发。

本书由中山市建斌职业技术学校庄标英任主编，中山市建斌职业技术学校李健柔任副主编，参编人员包括：中山市建斌职业技术学校张萍、董夙愿、梁彦君、钟燕华，中山市第一职业技术学校葛荣光，佛山市顺德区陈登职业技术学校邓洁莹。

全书由庄标英设计完成框架并负责统稿。具体分工如下：学习情境一由钟燕华、庄标英编写；学习情境二由葛荣光、庄标英编写；学习情境三由张萍编写；学习情境四由李健柔编写；学习情境五由董夙愿、梁彦君编写；学习情境六由邓洁莹编写。

本书已力求严谨细致，但由于编者水平有限，书中难免有疏漏与不妥之处，恳请读者提出宝贵意见或建议。

编者

CONTENTS

目 录

微课等资源索引

学习情境一 店铺视觉规范

在网络购物时，店铺装修给顾客的第一印象就决定了其对店铺的直观感受。虽然品牌、价格等因素也是店铺定位的重要条件，但是排在首位的还是视觉印象。因此，店铺的视觉定位几乎就等于店铺的定位。

学习目标

- 了解店铺视觉规范的基础理论知识
- 掌握店铺风格定位的方法
- 掌握店铺颜色搭配的方法

情境引入

因新接手一个销售日用百货的淘宝网店铺，设计部主管陈明发出一份如下所示的任务单，要求对 YIMI 伊米生活用品店进行店铺装修视觉规范，通过对店铺视觉页面的设计，优化店铺视觉效果，提升网店整体形象。

任务指派人	陈明	发出日期	
		完成日期 / 时间	
任务名称	对 YIMI 伊米生活用品店进行店铺装修视觉规范		
任务用途	首页□	主题独立页□	官方承接页□
	主图□	直通车图□	钻展图□
	详情基础优化□	详情深度优化□	
	官方引流图□	主题广告图□	新品上新□
	常规活动营销策划□	主题活动策划□	大型活动策划□
	商品运营策划□		
	其他：视觉规范		

续表

任务要求	1. 根据店铺主营项目，从客户的角度出发，设计店铺主体风格 2. 根据店铺定位和商品确定店铺主色（店招、标题栏、重要文字），再根据主色确定辅助色（按钮、标签、重要文字），找出店铺的突出色 3. 规范店铺字体：中文字体不超过两种（一种用于标题，另一种用于商品描述），数字字体一种，英文字体一种，特殊字体一种（只在特定活动时用于渲染气氛）
风格偏好	□普通简洁，中规中矩　☑大气简约，商业气息浓 □古典文化，怀旧经典　□年轻时尚，青春活力，另类 □热烈奔放，充满情趣　□其他：________
自我检查	确认签名：
组长检查	确认签名：
验收人	确认签名：

任务一　店铺风格定位

课前导学

1. 观看微课，熟悉实训任务和相关知识点，提出疑问
我的疑问：
2. 搜索店铺风格定位的相关知识，比较分析，思考不同店铺风格有什么不同的表现效果
我的观点：

知识探究

因店铺主营类目不同，店铺的装修风格也应有变化，需要与店铺所售商品一致。合适的装修风格能最大限度地提升店铺形象，提高店铺浏览量、客户停留时间，为店铺带来较高的转化率。若店铺装修与商品风格不一致，则会给进店的买家带来较差的购物体验，增加客户的跳失率。例如，图 1－1、图 1－2 所示是两家化妆品店铺的首页。

店铺风格定位

图 1－1　某化妆品店铺首页 1

图 1－2　某化妆品店铺首页 2

某化妆品店铺首页 1，给人的第一感觉是数码电器类店铺的装修风格。对于化妆品店来说，应选择干净、清爽的配色，黑色显不出高端反而让人觉得有点压抑。

某化妆品店铺首页 2，装修以浅色系为主，配色清新、自然。对于化妆品类目来说，这种清爽、干净的装修风格更能凸显化妆品的商品定位。

所以说，好的店铺装修是一种营销、一种推广。差的店铺装修，无论多么名贵的商品都体现不出其价值。

一、店铺风格的定义

店铺风格是指网店给访客的直观感受。就像一个人，留什么样的发型，穿什么款式的衣服，甚至言行举止，都在向别人传递着许多信息，而这些信息会给人留下或好或坏的印象。店铺风格主要体现在网店主营商品类型、网店装修风格、网店商品价位、网店促销方式、网店顾客服务等方面。目标消费群体对店铺风格认同感越强，就越容易被店铺吸引，成为店铺的潜在顾客。和传统实体店的经营模式一样，网店店铺风格主要体现在店铺装修风格上。顾客对于所购买商品的价值会有一种自我心理暗示。例如，顾客准备购买一只手表给孩子考试时看时间用，如果这家卖手表的网店装修得过于高档，顾客会有一种进错门的感觉，或者产生商品价格昂贵的错觉。所以，一家店铺，不管它是网络店铺还是实体店铺，在确定自己的装修风格时一定要贴近自己的消费群体，了解他们的喜好、顾虑，进行综合分析，最后形成自己店铺的装修风格。

二、店铺风格定位的原则

店铺风格定位需要遵循以下几个原则：

（1）要有依据。不能仅凭个人喜好或猜测就给店铺做风格定位，要有理有据。

（2）色彩搭配合理。色彩搭配有主次、有对比，不能整个店铺通篇都是一种颜色，给人很单调、压抑的感觉。

（3）色系不宜过多。色系太多会让人觉得乱，应控制在三种以内。

（4）少用鲜艳色，尽量采用中间色。鲜艳色比较刺眼，可能喧宾夺主，会抢商品的风头。任何店铺，其真正的主角都是商品而不是装修，装修只是一个衬托。中间色比较温和，不张扬。

三、店铺风格定位的方法

关于如何定位店铺风格，有很多不同的方法。但是就电商来说，最简单有效的方法就是找个模仿学习的网店，然后与之进行差异化处理。

1. 行业特性

根据行业特有的性质来确定店铺风格。例如：户外运动（见图 1－3）的关键词：动感、大自然、健康、活力；推荐色系：蓝、绿、橙、红。

图 1－3 户外运动店铺首页

孕婴用品（见图 1－4）的关键词：温馨、希望、洁净、成长；推荐色系：浅粉、浅玫瑰、浅绿、浅蓝。

图 1－4　孕婴用品店铺首页

2. 商品特性

根据商品本身的特点来确定店铺风格，主要可以从以下几方面入手：

（1）价格水平。比如珠宝首饰类需要花费上千元甚至上万元的贵重商品，多数购买者的年龄层为 25 ～ 40 岁。在这类商品的使用者中，女性占绝大多数，但给这类商品付款的人却主要是男性。那么，就可以从商品的档次上来定位装修风格，要显得精美、有档次（见图 1－5）。

（2）消费群体。可以从消费者的性别、年龄、职业、文化水平、收入水平等方面找出消费群体的特性和共性。例如，经营数码类商品的店铺，其目标消费群以成年男性为主，因为成年男性喜欢理性的、专业的设计风格，那么在店铺设计上需要简洁，可以采用以黑灰色为主的色调，以体现出店铺的科技感与时尚感（见图 1－6）。

（3）文化内涵。根据商品不同的特性，可以在装修时选择具有不同文化内涵的主题，如茶具、茶叶、保健品等可以选用具有中国风、水墨复古的装修风格（见图 1－7）。

图 1-5 珠宝店铺首页

图 1-6 数码店铺首页

图 1-7 茶具店铺首页

3. 时节特性

有时候还需要根据季节的不同，选择不同的店铺装修风格。春天春回大地，选择绿色为主色来装修（见图 1-8）；夏天可以以大海、沙滩、贝壳等为元素进行装修；秋冬季节，以橙色、红色等暖色进行装修。不同的节日，还可以更换不同的风格（见图 1-9）。

图 1－8　具有春天气息的店铺首页

图 1－9　店铺年货节首页

流程计划

通过对任务的分析及店铺风格定位的学习，制订店铺风格定位计划如下所示：

分析店铺主营商品特征
↓
分析店铺目标消费群体
↓
定位店铺风格

设计决策

一、分析店铺主营商品特征

YIMI 伊米生活用品店主营项目为水杯、毛巾、拖鞋等日用百货商品，此类商品注重实用又兼具美观。

二、分析店铺目标消费群体

本店的主要消费群体为 18 ～ 49 岁的时尚女性，一般收入稳定，消费特点为精打细算，在购物方面追求美观与实用性。因此，店铺的装修要符合女性的审美习惯，要求重点突出功能、设计、性价比等。

三、定位店铺风格

店铺风格主要有时尚、简约、古典、非主流、酷炫、可爱、小清新、欧美、中国风、奢华、手绘、甜美、商务等。

通过参考优秀日用百货网店的设计风格，分析行业特性以及目标消费群体的爱好、特点，找出店铺想要表达的概念，明确体验关键词为简洁、时尚，以获得目标消费群体的信任和关注。

任务实施

方法一：参考同行业店铺，确定大致的范围。

在淘宝网搜索店铺“家居日用品”，把这个行业里经营得比较好的店铺找出来，进行参考、比较或部分模仿。

方法二：根据确定的店铺风格，到淘宝网卖家服务装修市场，或者设计网站，如 90 设计、千图网等找到合适的店铺模板（如图 1－10 所示），进行参考、比较或部分模仿。

图 1－10　店铺模板

同步实训

任务名称	店铺装修风格定位
任务要求	五一劳动节快到了，小熊电器店想重新装修店铺，以配合劳动节大促，请你定位店铺装修风格
制作规范	无
店铺资料	1. 店铺名称：小熊电器店 2. 商品服务与特色：创意厨房电器，系列商品包括酸奶机、煮蛋器、加湿器、电热饭盒、豆芽机、电蒸锅、美容器具、母婴用品等品类。公司网址：www.bears.com.cn 3. 消费群体：年轻的消费者 4. 品牌形象：萌家电
店铺风格	1. 找出该店铺的目标消费群体 2. 明确目标消费群体的共同爱好 3. 结合劳动节定位店铺装修风格

实训笔记

记录学习过程和任务实施中的重要知识点、所需要的学习应用资源，以及老师指导任务时提出的要点。

知识要点 / 学习问题	知识点的具体解释 / 学习应用资源 / 老师指导任务要点
1.	
2.	
3.	

任务二 配色方案确定

课前导学

1. 观看微课，熟悉实训任务和相关知识点，提出疑问
我的疑问：
2. 搜索配色方案的相关知识，比较分析，思考不同配色方案有什么不同的表现效果，配色方案的原则是什么
我的观点：

知识探究

配色方案，简单地说，就是如何将不同的颜色搭配到一起，达到一种和谐的或者有视觉冲击力的效果。生活中，爱美的女性常常讨论，什么颜色的上衣搭配什么颜色的裙子，配什么颜色的包，戴什么颜色的项链或手链，才会好看，这其实就是在讨论配色方案。

配色方案确定

网店整体配色，一定要给人统一和谐的感觉，并不是越花哨越好，花哨只能使访客觉得混乱。当然，统一的网店配色，并不是说只能用一种颜色，而是指只有一种主色，在此基础上搭配一些其他颜色。如图 1 - 11 所示，这个网店的主色是灰绿色，物品图片及一些文字是绿色，点缀其间，使得整个页面既统一又不古板。

配色总的应用原则应该是“总体协调、局部对比”。也就是说，页面的整体配色效果应该是和谐的，只有局部的、小范围的地方可以有一些强烈色彩的对比。想要配色和谐、舒服，应先了解色彩的三个重要属性，弄清色相、明度和饱和度之间的联系。

一、色彩属性

色彩是人脑识别反射光的强弱和不同波长所产生的差异的感觉。色彩具有色相（H）、饱和度（S）、明度（B）三要素（见图 1 - 12），也就是 HSB 模式。

图 1－11　风格统一

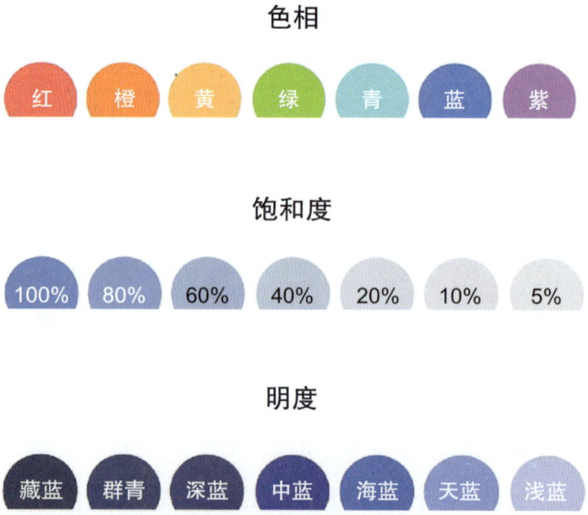

图 1－12　色彩三要素

1. 色相

色相即色彩可呈现出来的质地与相貌，如红、橙、黄、绿、青、蓝、紫等。它是区分色彩的主要依据，是色彩的最大特征。在 Photoshop 中，可以单击前景色打开拾色器进行相应的选择（见图 1－13）。

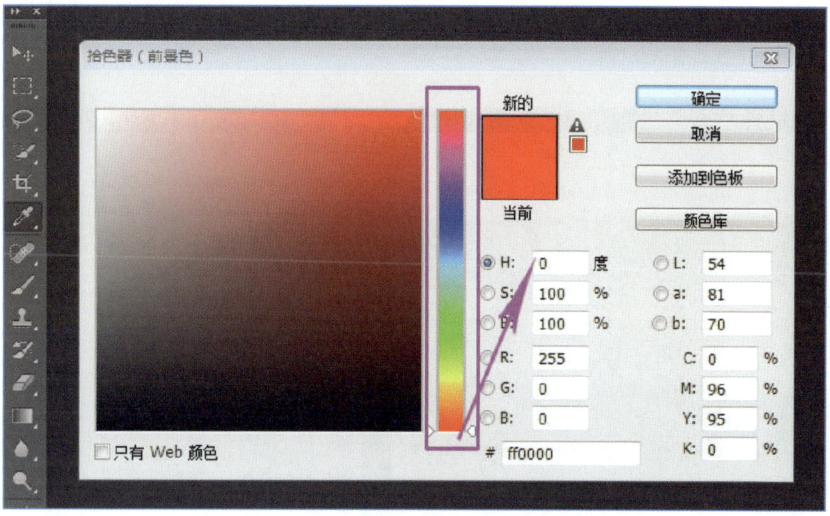

图 1－13　拾色器 H 值（色相）

2. 饱和度

饱和度即纯度，是各色彩中包含的单种标准色成分的多少。饱和度用来表现色彩的鲜艳和深浅，是深色、浅色等色彩鲜艳度的判断标准。饱和度最高的色彩就是原色，随着饱和度的降低，色彩就会变得暗淡。饱和度高的色彩感强，即色度强，所以饱和度也是色彩感觉强弱的标志。在 Photoshop 中，可以单击前景色打开拾色器进行相应的选择（见图 1－14）。

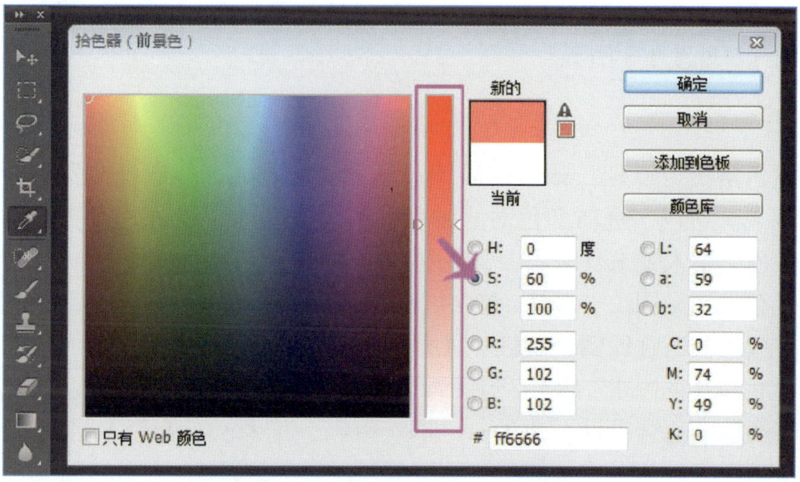

图 1－14　拾色器 S 值（饱和度）

3. 明度

明度又称为色彩的亮度，即色彩的明暗差别，也就是深浅差别。比如，淡绿、草绿、翠绿、深绿、墨绿等绿颜色在明度上就不一样，深红、玫瑰红、大红、朱红等红颜色在亮度上也不尽相同。这些颜色在明暗、深浅上的不同变化，就是色彩的又一重要特征——明度变化。在 Photoshop 中，可以单击前景色打开拾色器进行相应的选择（见图 1－15）。

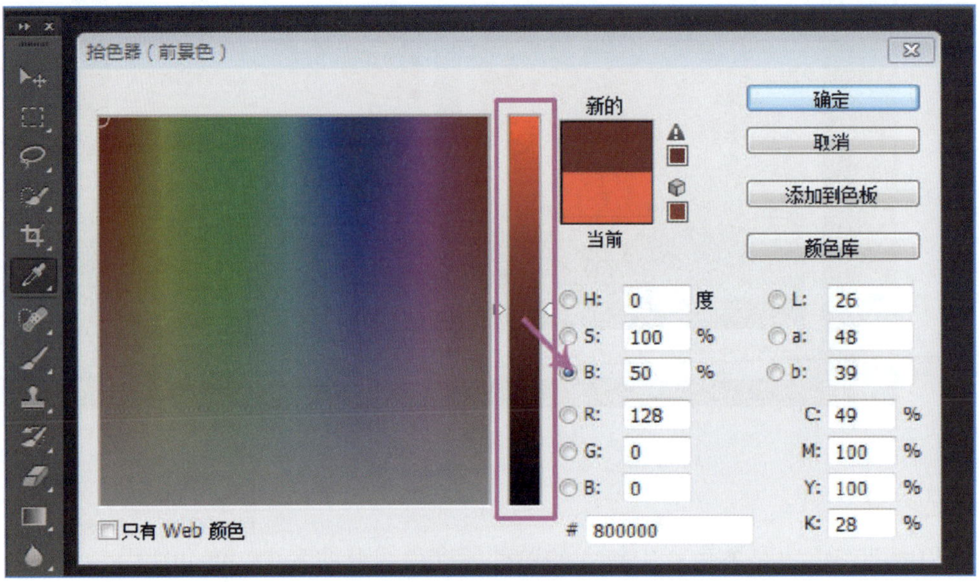

图 1－15　拾色器 B 值（明度）

色彩作为商品最明显的特征，是最容易引起消费者的注意的。它的冷暖色调、明度、饱和度、色彩对比等，会给人带来不同的视觉冲击效果。如高饱和度的橙色页面代表的是个性鲜明，具有挑战性、令人振奋、赏心悦目的效果，配上光亮的白色，意味着清新、充满活力与朝气（见图 1－16）。

二、色彩心理

优秀的颜色搭配可以延长顾客在店铺逗留的时间，顾客在店铺浏览的时间越长，下单的机会就越大。所以，选对颜色对店铺装修有着非常重要的作用。要选对颜色，必须先了解不同颜色会给人带来什么不一样的感觉。

（1）暖色色调（见图 1－17）：包含红色、橙色、黄色等，是让人觉得温暖、愉悦、热情、激动的颜色，适合促销、女性、儿童、家居、食品等主题。

（2）冷色色调（见图 1－18）：包含绿色、蓝色、紫色等，是让人觉得清爽、稳重、舒缓、冷静的颜色，适合男性、户外、电器、数码、夏天、春天等主题。

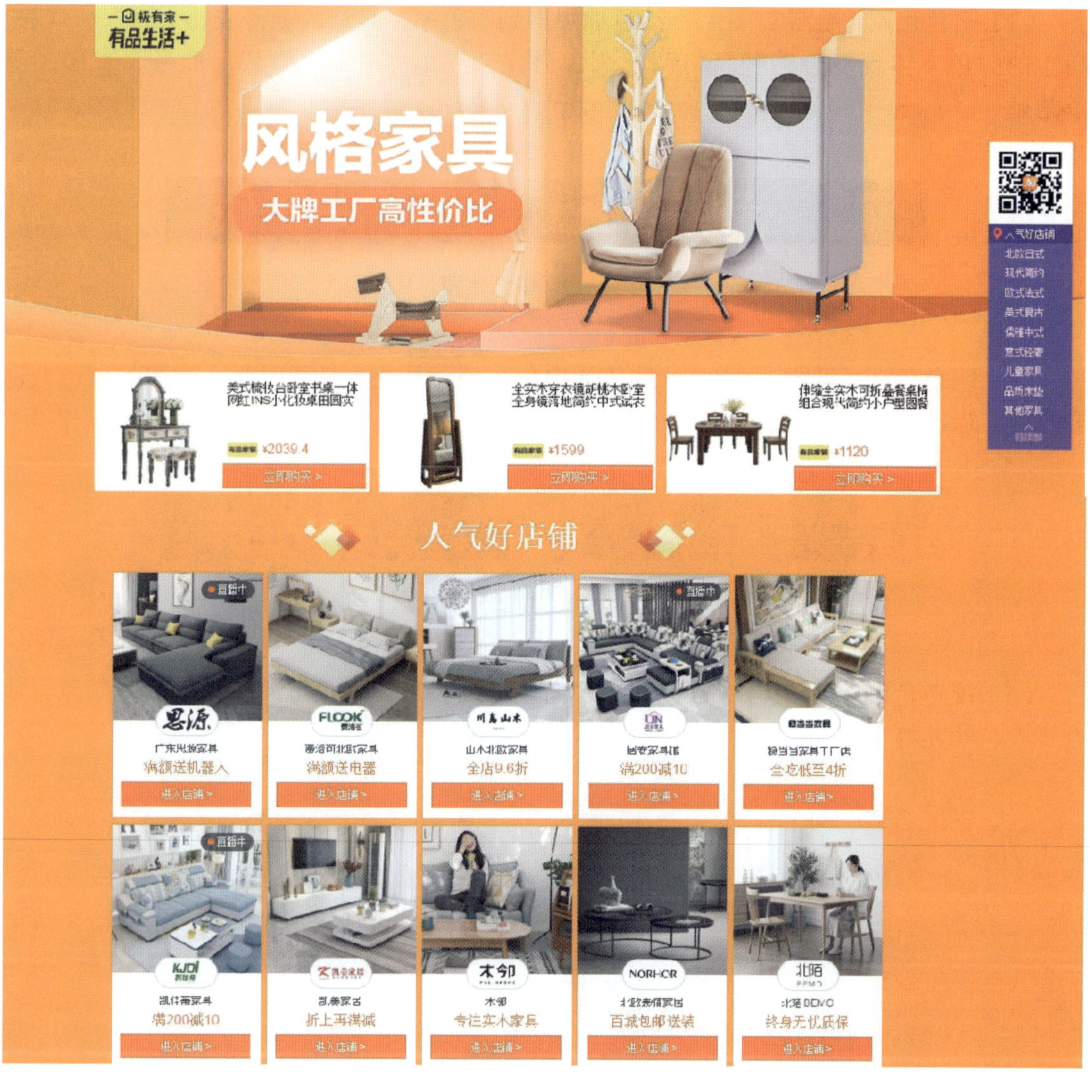

图 1－16 高饱和度的橙色页面

图 1－17 暖色色调

图 1－18 冷色色调

（3）暗色色调（见图 1－19）：纯色加黑得到暗色系，是让人觉得成熟、高贵、气势、高雅的颜色，体现能力感和高格调，适合男性、汽车、电器、数码、商务、奢侈品等主题。

图 1－19　暗色色调

（4）明色色调（见图 1－20）：纯色加白色得到，是让人觉得时尚、活泼的颜色，适合时尚、运动、年轻等主题。

图 1－20　明色色调

（5）淡色色调（见图 1－21）：明色加白色得到，是让人觉得清新、温柔的颜色，适合少女、幼儿等主题。

图 1－21　淡色色调

三、色彩搭配

1. 单一色彩配色

选择单一色彩，然后调整明度或者饱和度，将色彩变淡或加深，使得单一色彩页面呈现丰富的画面变化和美感。比如下面的这个网店（见图 1－22），主色（即在页面中占据面积最大、具有主导作用的色彩）是蓝色，边框及物品图片上则应用了深蓝色、蓝灰色等，使整个页面看起来色彩统一、有层次感。

2. 两种对比色彩配色

先选定一种色彩，然后选择它的对比色，这个对比色就是第二种颜色。一般来说，对比强的色彩能够集中视线，使整个页面色彩丰富但不花哨。比如下面的这个网店页面（见图 1－23），采用了蓝色和淡黄橙色，属于最强烈的色彩对比，使人感受到一种极强烈的色彩冲突，产生深刻印象。

图 1－22　单一色彩页面

图 1－23　对比色彩页面

如何才能找到对比最强烈的颜色呢？可用色相环（见图 1－24）辅助完成。在色相环中，角度越大的两种颜色，对比越强，180° 对立的两种色彩，对比是最强烈的；反之，就越弱。

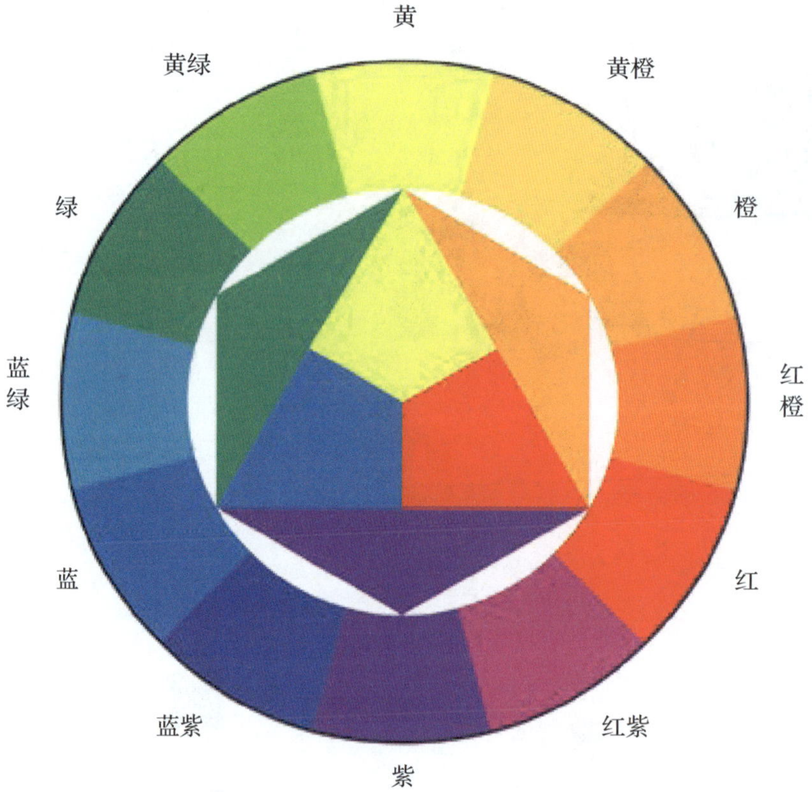

图 1－24　色相环

3. 使用邻近色彩配色

邻近色彩不是同一色彩但又非常接近，是在色相环上顺序相邻的色彩。使用邻近色彩的效果与单一色彩相似，能使画面统一协调但又不失对比度（见图 1－25）。

在配色过程中，无论用几种颜色来组合，首先要考虑用什么颜色作为主色。店铺装修主色的选择可以从品牌、消费人群和产品属性 3 个方向来考虑。如果店铺有品牌，可以使用品牌 Logo 颜色作为店铺的主色。也可以根据消费人群喜欢或易接受的颜色来确定店铺的主色。

一般情况下，建议画面色彩不宜超过 3 种，3 种指的是 3 种色相，比如深红和暗红可以视为一种色相。如果各种颜色面积平均分配，色彩之间互相排斥，就会显得凌乱。建议配色黄金比例为 70∶25∶5，其中的 70% 为大面积使用的主色，25% 为辅助色，5% 为突出色。

正品当选旗舰店
有你月更圆
10元
20元
50元
全场购物满99包邮
套餐更实惠 礼盒有面子
补水保湿 平衡控油
祛痘去印
¥219包邮
立即购买
我是大美人栏目力荐
¥219包邮
立即购买
力度肌肤补充纯净的苦橙花液
态精华 令肌肤白润水嫩
¥239包邮
立即购买
抗菌消炎 控油祛痘
¥219包邮
立即购买
补水系列

图 1-25　邻近色彩页面

流程计划

确定好店铺风格后，根据色彩搭配方法，制订以下计划：

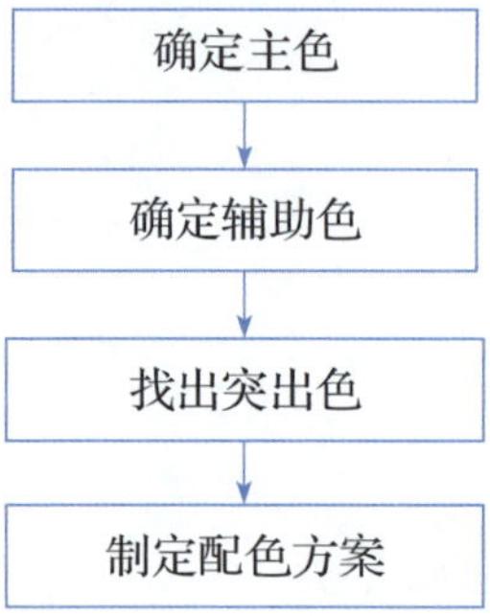

设计决策

一、根据商品属性与目标受众确定店铺主色调（店招、标题栏、重要文字）

根据总体协调、局部对比的配色原则，在为网店配色时，首先应确定网店的主色。选用网店的主色时，需要注意和自己的产品相结合。首先，YIMI 伊米生活用品店主要销售日用百货商品，店铺风格为：简洁、时尚；其次，要了解商品的潜在目标受众，这是可以以年龄维度来分析的，我们的目标人群为 18 ～ 49 岁的时尚女性，她们会更加喜欢浅色为主的配色方案，所以可以考虑选用蓝色、绿色等颜色，这样的界面直观且易于导航。

二、根据主色确定辅助色（按钮、标签、重要文字）

根据两种邻近色彩配色方法确定网店的辅助色。

三、找出网店的突出色

根据两种对比色彩配色方法找出网店的突出色。

任务实施

方法一：根据色相环确定配色方案。

（1）设计决策确定了主色为蓝色，确定颜色明度与饱和度。

（2）根据邻近色原则，蓝色的邻近色是绿色或者紫色，可以确定辅助色为紫色。

（3）根据对比色原则，蓝色的对比色是黄色、红色、橙色，可以确定突出色为橙色。

（4）得出配色方案（见图 1－26）。

图 1－26　配色方案 1

方法二：从优秀网店借鉴配色方案。

对于新手来说，很难马上将这些色彩知识应用到自己的网店中，最便捷快速的方法就是学习借鉴优秀网店中的配色方案。此外，还可以借鉴网页，甚至世界名画。

先找到一个借鉴的网店（见图 1－27）。

图 1－27　借鉴的网店

在这色彩令人眼花缭乱的页面中，很难分清哪个是主色、哪个是辅助色。可以保存此页面，在 Photoshop 中打开，然后点击“滤镜”→“纹理”→“染色玻璃”，打开如图 1－28 所示的染色玻璃效果滤镜窗口。

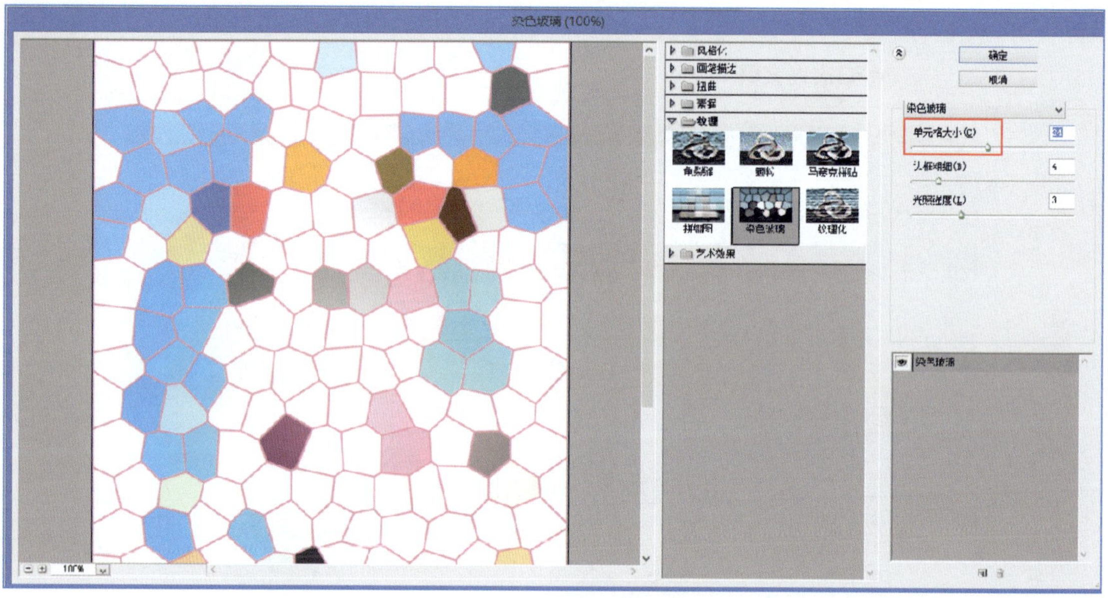

图 1－28　染色玻璃效果

在这里，图片已变成一个个色块，但是色彩太多很难分辨主、辅色，可拖动右侧“单元格大小”滑块，让色块变大，图片的色彩构成就一目了然了。处理后，可提取出本网店的配色方案：除了系统默认的白色，主色为浅蓝色，辅助色有粉色和浅红色，突出色为橙色（见图 1－29）。

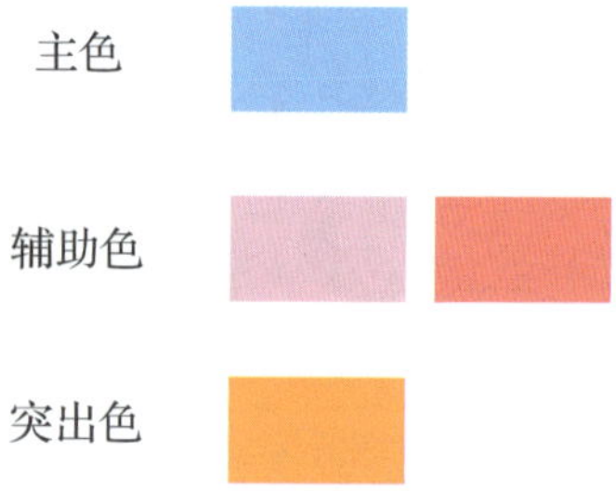

图 1－29　配色方案 2

主色一般为页面中所占面积最多的色彩或者背景色，为整个页面打下色彩基调。辅助色与主色形成对比，丰富色彩内容。突出色所占的面积最小，与主色的反差最大，是一个页面中最能引人注意的部分，一般用于需要突出的标题、Logo，或者需要着重表现的商品等。最后根据店铺风格，确定选用颜色的饱和度与明度。

同步实训

任务名称	店铺设计配色方案确定
任务要求	国庆节快到了，飞利浦小家电电器店想重新装修店铺，以配合国庆节大促。请你根据店铺的消费群体与系列商品特征设计店铺的配色方案
制作规范	确定主色、辅助色、突出色
店铺资料	1. 店铺名称：飞利浦小家电 2. 商品服务与特色：实用小家电，系列产品包括吹风机、剃须刀、挂烫机、电动牙刷、空气净化器、电子美容仪、吸尘器等品类。公司网址：https://www.philips.com.cn 3. 消费群体：年轻的消费者 4. 品牌形象：实用小家电
配色方法	1. 找出该店铺的目标消费群体 2. 明确目标消费群体的共同爱好 3. 结合国庆节定位店铺设计配色方案 （1）确定主色 （2）确定辅助色 （3）确定突出色

实训笔记

记录学习过程和任务实施中的重要知识点、所需要的学习应用资源，以及老师指导任务时提出的要点

知识要点 / 学习问题	知识点的具体解释 / 学习应用资源 / 老师指导任务要点
1.	
2.	
3.	

任务三 字体规范

课前导学

1. 观看微课，熟悉实训任务和相关知识点，提出疑问
我的疑问：
2. 搜索字体的相关知识，比较分析，思考不同字体应用对消费者有何影响
我的观点：

知识探究

字体是有态度、有性格的。字体如同模特的一张脸，代表着一种风格，比如淘宝网上的知名店铺韩都衣舍、茵曼、七格格女装、裂帛、天使之城、阿芙、御泥坊……它们都有很多特别及有个性的字体，很多字体还是比较难找的，就是为了保证唯一性和独特性。

字体规范

设计师在创作中，什么情况下适合哪种字体，哪种风格适合哪些字体，都直接影响这个设计内容的视觉传达，值得设计师思考。在设计中经常会犯的错误是乱用字体或多种字体混杂使用。如果在设计中应用了不合适的字体，不仅会使传递的信息大打折扣，严重的还会使其成为无效信息，影响店铺转化率。从图 1-30 可以看出，不同的字体可以给人不一样的感觉。

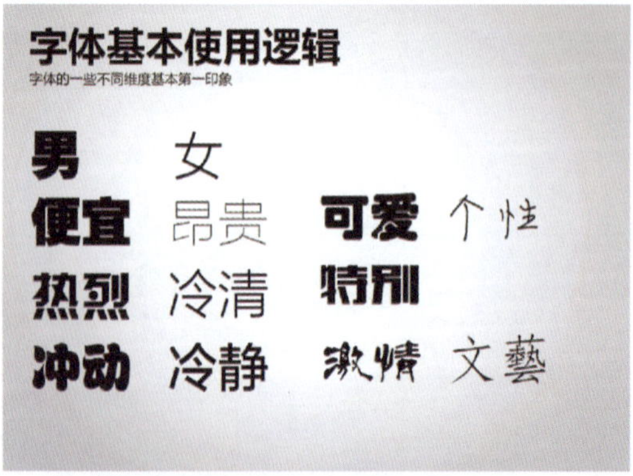

图 1-30　字体基本使用逻辑

在店铺设计中，不是所有字体都可以免费使用的。很多新手设计师可能会忽视字体版权问题，以为所有字体都可以免费应用到设计图上，虽然有些字体是免费的，但用于商业宣传还是有风险的，所以我们应尽量使用免费的商用字体。免费商用字体有：

（1）文泉驿系列字体、思源黑体、站酷酷黑、站酷高端黑（见图 1－31）。

（2）方正书宋、方正黑体、方正楷体、方正仿宋（见图 1－32）可以免费商用，但是需要书面授权。同时要注意，微软雅黑不是免费字体。

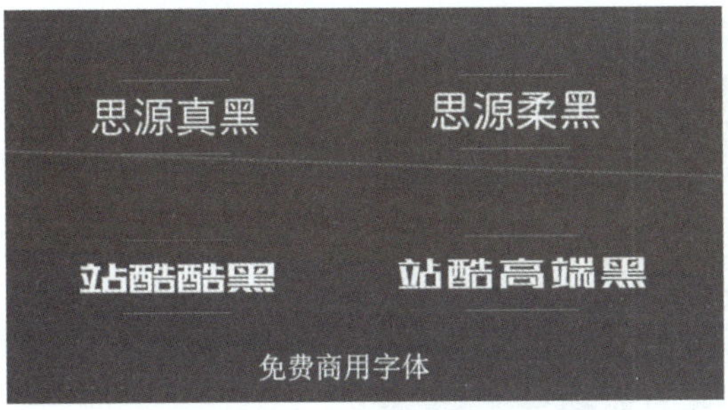

图 1－31　免费商用字体 1

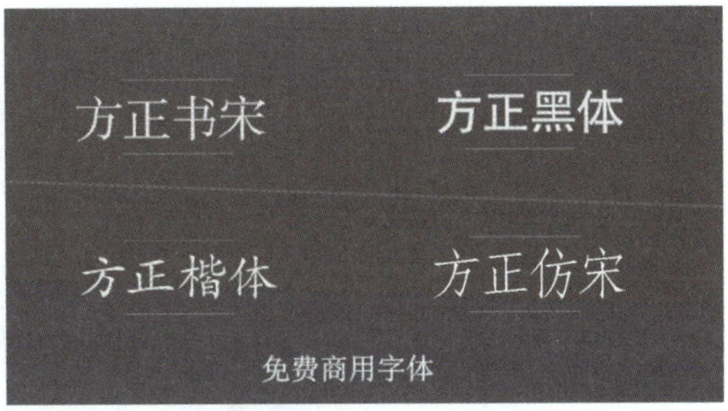

图 1－32　免费商用字体 2

（3）文鼎 PL 细上海宋、文鼎 PL 中楷、文鼎 PL 简报宋、文鼎 PL 简中楷。

在选择字体的时候，还要根据自己的受众、媒介和行业来定。不同的行业，选用的字体也不一样，如餐饮行业会选择手工感强的字体（见图 1－33），运动行业会选择有动感或碰撞感的字体（见图 1－34）。

图 1－33　手工感强的字体

图 1－34　有动感的字体

一、适合男性商品使用的字体

男性商品就是消费和使用人群主要为男性的商品，如：体育运动类用品、车、剃须刀、游戏设备等。

那么，什么样的字体才是适合男性消费者的呢？基于男性粗犷、硬朗、稳重、力量、大气等特征，我们可以总结出男性化文字特征：笔画粗、强劲有力、棱角分明、有力量感、粗细搭配、有主有次等。推荐使用的字体有黑体、思源黑体、站酷酷黑等，这些字体具有现代感、棱角分明、醒目等特征。如图 1－35 所示。

图 1－35　适合男性商品使用的字体

二、适合女性商品使用的字体

女性商品就是消费和使用人群主要为女性的商品，如：女装、鲜花、珠宝配饰、护肤品、化妆品等。

基于女性飘逸、俊俏、柔软、秀气、苗条、气质、时尚等特征，我们可以总结出女性化文字特征：纤细、曲线、秀美、线条流畅、字形有粗细细节变化。推荐使用的字体有宋体、思源宋体、装甲明朝体、日本花园明朝体、方正仿宋等，这些字体具有端庄、典雅、清正、秀丽等特征。如图 1－36 所示。

图 1－36　适合女性商品使用的字体

三、适合中性商品使用的字体

中性商品就是消费和使用人群男性和女性都有的商品，如：数码、大家电、小家电、家装、厨卫等。

基于中性干净、简洁、中性美、精致、平静等特征，我们可以总结出中性化文字特征：性别属性不强，并不需要很强烈的情感特征，偏中立，兼具男性字体和女性字体的特征。推荐使用的是阿里巴巴普惠体、文泉驿等宽微米黑等，这些字体具有简洁大方、比较中性的特征。如图 1－37 所示。

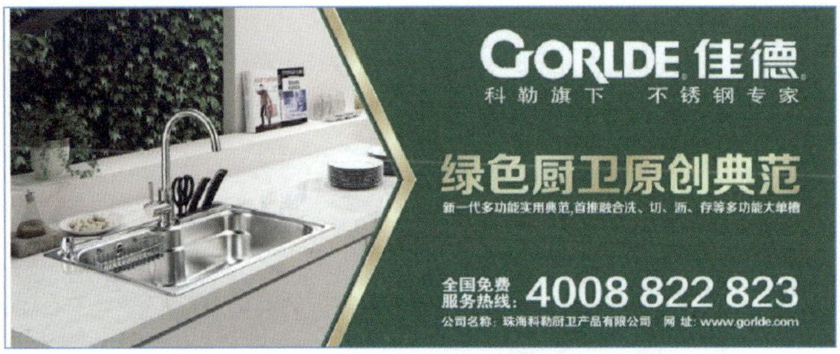

图 1－37　适合中性商品使用的字体

四、适合促销类商品使用的字体

因为促销类商品通常需要给用户传递非常亢奋而激烈的情绪，而这种情绪恰好与男性特征中激烈、冲动且亢奋的特点相吻合，所以在促销和抢购等活动类设计中，男性化字体被普遍使用。

推荐使用的思源柔黑、站酷酷黑、文泉驿等宽微米黑等，这类字体具有粗、大、显眼、倾斜、文字变形等特点。如图 1－38 所示。

图 1－38　适合促销类商品使用的字体

五、适合孩童商品、童趣商品使用的字体

孩童商品就是使用人群主要为幼儿和儿童的商品，如：婴幼用品、零食、玩具等。童趣商品就是那些有卡通人物设计、造型可爱的商品。

基于孩童可爱、有趣、圆乎乎、肉嘟嘟、活泼、调皮等特征，我们可以总结出孩童化文字特征：可爱、笔画圆、柔角、俏皮、不规则。推荐使用的字体有圆体、思源柔黑、锐字云字库圆体、王汉宗简圆体、站酷快乐体等，这些字体具有富有活力和亲切感，且带有圆润型的边角给人亲和感。如图 1－39 所示。

图 1－39　适合孩童商品、童趣商品使用的字体

六、适合小清新、文艺、复古商品使用的字体

小清新、文艺、复古商品就是消费和使用人群主要为文艺青年的商品，如：文艺风服饰（茵曼、无印良品）、手工首饰、家居用品等。

基于这类商品所具有的舒适、文静、慢生活、素雅、松弛等特征，我们可以总结出文艺化文字特征：手写、细字体再设计、复古典雅等。推荐使用的字体有宋体、杨任东竹石体等。如图 1－40 所示。

图 1－40　适合小清新、文艺、复古商品使用的字体

七、适合高端昂贵商品、奢侈品使用的字体

高端昂贵商品、奢侈品就是消费和使用人群主要为商务精英、企业家、商人和社会名流的商品，如：名表、名贵首饰、高端包袋、高端服饰、香水、名酒等。

基于这类商品所具有的纤细、小、优美、简约、干净利落等特征，一般用笔画细的字体，字号也比较小，多用英文搭配，可显得更加时尚。如图 1－41 所示。

图 1－41　高端昂贵商品、奢侈品使用的字体

八、适合中国传统相关商品使用的字体

中国传统相关商品是指酒、茶、特产、旅游地等具有中国传统文化特质的商品。

基于这类商品一般具有古典优雅、中国风、霸气、历史底蕴等特征，我们可以总结出其文字特征：书法字体、霸气洒脱、流畅等，但这类字体不适合在大篇幅文段中使用，一般用作标题比较多。如图 1－42 所示。

图 1－42　适合中国传统相关商品使用的字体

九、自主设计字体

淘宝店铺装修设计中，为了提升文字的整体感与空间感，个别文字会使用一些自主设计的字体。自主设计字体主要有字体拉长、横笔相连、化点为圆、方形圆弧化四种方法（见图 1－43）。例如，通过特定的线条或者形状将文字连接在一起制作出自然、流畅的文字效果，让文字的表现力增强，同时也让画面的气势得到提升，吸引消费者的眼球，如图 1－44 所示。

图 1－43　设计字体的常用方法

图 1－44　文字相连效果

在设计过程中，若文字效果欠佳，还可以添加文字效果，如描边（见图 1－45）、斜面浮雕（见图 1－46）、各种渐变效果（见图 1－47）、画笔笔刷效果（见图 1－48）等。

图 1－45　描边效果

图 1－46　斜面浮雕效果

图 1－47　渐变效果

图 1－48　画笔笔刷效果

流程计划

通过对任务的分析及字体规范的学习，制订字体设计的计划如下：

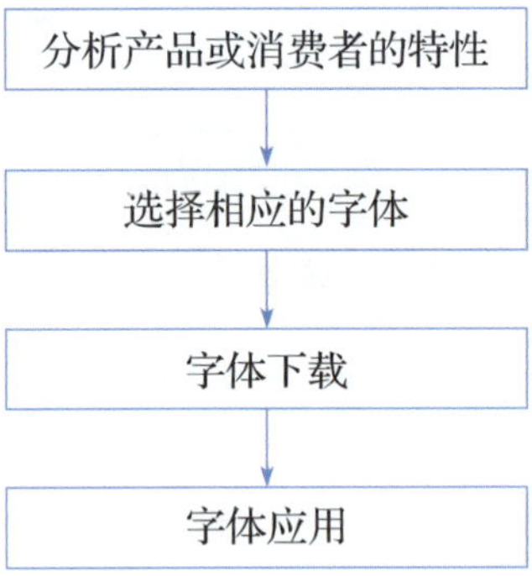

设计决策

YIMI 伊米生活用品店主要销售家居日用品，主要消费和使用人群为 18 ～ 49 岁的时尚女性，具有偏好干净、简洁、中性美、精致、平静等特征，由此可以总结相对应的文字特征：不需要很强烈的情感特征，偏女性化字体，可到字由（网址：https://www.hellofont.cn）下载合适的免费商用字体。

任务实施

（1）字体下载网站有：

PS 家园网，网址：http://www.psjia.com/pssc/fontxz。

字由，网址：https://www.hellofont.cn。

（2）字由客户端安装。

第一步：输入网址，点击“下载客户端”（见图 1－49）。

图 1-49　客户端下载界面

第二步：解压下载好的压缩包，进行安装，安装后出现可以选择的免费商用字体。

第三步：快速应用字体。打开 Photoshop CS6 软件，无须下载字体，点击免费商用字体预览区，点击激活字体，然后再选中设计软件中的字体，点击“文字工具”，就可以在下拉面板选择相应字体。

同步实训

任务名称	店铺字体设计
任务要求	新店开张，请你根据店铺资料为九阳小家电电器店设计店铺的字体搭配
制作规范	确定字体
店铺资料	1. 店铺名称：九阳小家电 2. 产品服务与特色：实用小家电，系列产品包括豆浆机、面条机、榨汁机、电压力煲、电磁炉、料理机、电炖锅、电饭煲等品类。公司网址：http://www.joyoung.com.cn 3. 消费群体：中年消费者 4. 品牌形象：厨房实用性小家电
字体选定	1. 根据消费群体确定合适字体 2. 字由客户端下载、安装 3. 设计字体确定

实训笔记

记录学习过程和任务实施中的重要知识点、所需要的学习应用资源，以及老师指导任务时提出的要点。

知识要点 / 学习问题	知识点的具体解释 / 学习应用资源 / 老师指导任务要点
1.	
2.	
3.	

情境考核

考核任务：店铺视觉规范实训

一、考核目的

了解店铺视觉规范的方法及步骤，为“三年二班”文体店进行店铺视觉规范

二、考核准备

1. 组队：以小组为单位，3～4 人一组，并选出一名组长，分配好组员的工作
2. 素材：“三年二班”文体店简介，见情境考核素材（电子资料）

三、考核任务

根据店铺的定位，结合目标客户、店铺商品等，形成店铺自己的视觉规范，如配色板、字体、标签等

四、任务步骤

1. 找出该店铺的目标消费群体
2. 明确目标消费群体的共同爱好
3. 定位店铺风格
4. 提取成功网店的配色方案
5. 确定主色
6. 选取辅助色
7. 找到突出色
8. 确定主要字体

五、任务实施

1. 找到该店铺的目标消费群体
2. 定位店铺风格
3. 提取优秀网店的配色方案

主色	
辅助色	
突出色	

4. 确定主要字体

续表

六、考核评价						
评价项目	评价指标	分数	评价说明	自我评分	小组评分	教师评分
作品评价（50分）	店铺风格定位	20分	店铺定位准确，能让目标消费群体产生信任感，吸引受众眼球			
	色彩搭配	15分	色彩应用符合店铺风格的视觉识别要求，有视觉冲击力			
	字体选择	15分	字体搭配合理，符合店铺风格的视觉要求			
完成态度（30分）	职业技能	10分	设计符合店铺需求，能够拓展相关知识，并通过多种形式加以展示			
	工作态度	10分	态度端正，工作积极认真			
	完成效率	10分	能在规定时间内按质按量地完成分配的任务			
团队合作（20分）	沟通分析	10分	主动提出问题，能快捷有效地明确设计意图和需求			
	团队配合	10分	能与相关同学良好协作，共同完成工作			
计分						
总分（按自我评分20%、小组评分30%、教师评分50%计算）						
七、学习心得						

拓展训练

通过对本情境的学习，请你从店铺风格、配色方案、字体选择等方面为自己的店铺做店铺视觉规范。

学习情境二 吸引眼球的海报

在网店装修中，店铺海报占据重要的位置，它可以个性化展示店铺，让商品信息更加一目了然，便于买家点击后快速进入主推单品。很多商家都喜欢采用全屏轮播的方式展示海报，整体大气且容易突出店铺风格，视觉上让人感觉很舒服。海报的设计要注重号召力和感染力，文案应简洁鲜明，以引起买家共鸣。

学习目标

- 了解网店海报设计的基础理论知识
- 掌握网店海报的设计方法
- 掌握网店海报的上传方法

情境引入

基于新品上新的需要，设计部主管陈明发出如下所示的任务单，要求制作茶花随手杯的网店首页海报一张。通过对任务单的分析，可以将其分成提炼海报文案、设计海报、上传海报三个子任务。

<table>
<tr><td rowspan="2">任务指派人</td><td rowspan="2">陈明</td><td>发出日期</td><td></td></tr>
<tr><td>完成日期 / 时间</td><td></td></tr>
<tr><td>任务名称</td><td colspan="3">茶花随手杯的网店首页海报制作</td></tr>
<tr><td rowspan="4">任务用途</td><td>首页 □</td><td>主题独立页 □</td><td>官方承接页 □</td></tr>
<tr><td>主图 □</td><td>直通车图 □</td><td>钻展图 □</td></tr>
<tr><td>详情基础优化 □</td><td>详情深度优化 □</td><td></td></tr>
<tr><td>官方引流图 □</td><td>主题广告图 □</td><td>新品上新 ☑</td></tr>
</table>

续表

任务用途	常规活动营销策划 □	主题活动策划 □	大型活动策划 □
	商品运营策划 □		
	其他：		
任务要求	上新品，为茶花随手杯制作一张网店首页海报，具体要求如下： 1. 海报文案突出商品卖点 2. 设计简约大气，有吸引力 3. 配色与网店首页背景颜色协调统一 		
风格偏好	□普通简洁，中规中矩 □古典文化，怀旧经典 □热烈奔放，充满情趣	☑ 大气简约，商业气息浓 □年轻时尚，青春活力，另类 □其他：________	
制作规范	950 × 450 px，jpg 格式		
自我检查			确认签名：
组长检查			确认签名：
验收人			确认签名：

任务一 海报文案

课前导学

1. 观看微课，熟悉实训任务和相关知识点，提出疑问
我的疑问：
2. 搜索水杯相关的海报，比较分析，思考海报文案有哪些主题，包含哪些内容
我的观点：

知识探究

一、海报的常见尺寸

海报设计是视觉传达的表现形式之一，通过版面的构成第一时间吸引人的目光，并使人得到瞬间触动，这要求设计者将图片、文字、色彩、空间等要素进行完美结合，以恰当的形式向人们展示宣传信息。

海报的尺寸与主题

生活中，我们经常见到的街边海报，它们可大可小，可根据需求去规定其尺寸，比较随意。但在网店中，海报的尺寸有一定的规范。根据海报呈现的位置不同，通常分为首页全屏海报、自定义页面普通海报、宝贝详情页中的海报。

1. 首页全屏海报

宽：1 440 px/1 680 px /1 920 px（越大越兼容）。

高：300 ～ 700 px（仅建议）。

首页全屏海报如图 2－1 所示。

图 2－1　首页全屏海报

淘宝网店铺首页黄金位置第一屏海报也叫首焦图，被称为“一页成名”，可以以轮播形式循环播放。为了用户体验，最好设为宽度 1 920 px，这样基本上所有的显示器都可以完全铺满。但是，主要海报信息应在 1 280 px 或 950 px 之内，这样可以保证设计的主要内容在小屏幕显示器上也能显示完整。

2. 自定义页面普通海报

宽：C 店 950 px（B 店 990 px）。

高：400 ～ 600 px（仅建议）。

自定义页面普通海报如图 2－2 所示。

图 2－2　自定义页面普通海报

3. 宝贝详情页中的海报

宽：C 店 750 px（B 店 790 px）。
高：200 ～ 400 px（仅建议）。
宝贝详情页中的海报如图 2－3 所示。

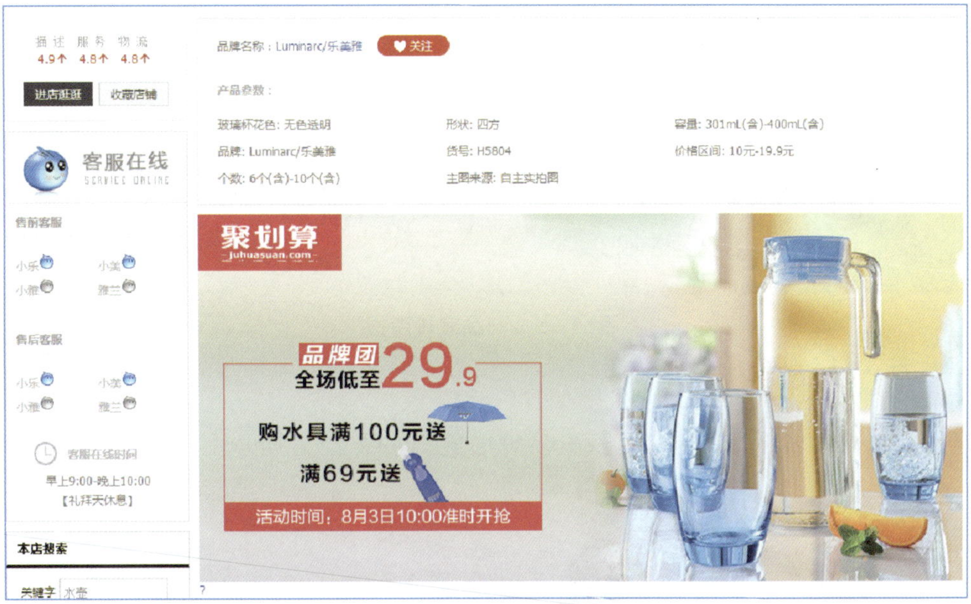

图 2－3 宝贝详情页中的海报

二、海报的主题

海报的用途或所要表达的内容统称为海报的主题。海报的主题主要分为以下几种：

1. 店铺宣传

店铺宣传海报是指以宣传店铺品牌为主的海报设计，旨在提升店铺形象、优化店铺结构等。如图 2－4 所示。

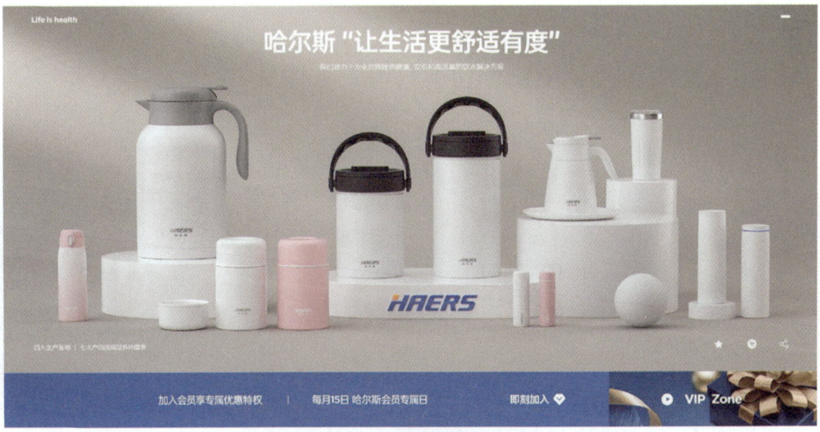

图 2－4 店铺宣传海报

2. 商品宣传

商品宣传海报指的是以某件或多件商品为主的海报设计，又可分为新品型海报、热卖型海报、促销型海报。如图 2－5 所示。

图 2－5　商品宣传海报

3. 品牌宣传

品牌宣传海报旨在宣传品牌，提升品牌形象。如图 2－6 所示。

图 2－6　品牌宣传海报

4. 会员宣传

会员宣传海报主要用于会员换购、会员日等。如图 2－7 所示。

图 2－7　会员宣传海报

三、海报的文案

海报的文案可分为主标题、副标题、正文三部分，不是必须包含三部分，但必须有主标题。

下面以某手机海报（见图 2－8）来解释海报文案。

图 2－8　某手机海报

主标题：也就是文案的设计，最能吸引买家的眼球，可列出商品的一级卖点，如某手机海报文案中的“全网通”。

副标题：商品的二级卖点，辅助或描述一级卖点，可以有两到三个，如某手机海报文案中的“同时支持移动、联通、电信 4G 网络”。

正文：即商品的属性、优点、卖点等，让人通过进一步了解商品从而产生购买的欲望，如某手机海报文案中的品牌、新品、开售时间。

挖掘卖点就是一个去繁从简的过程，方法很简单，直接简单明了地说最重点的要素即可。

流程计划

通过对任务的分析及海报文案撰写的学习，制订海报文案撰写计划如下：

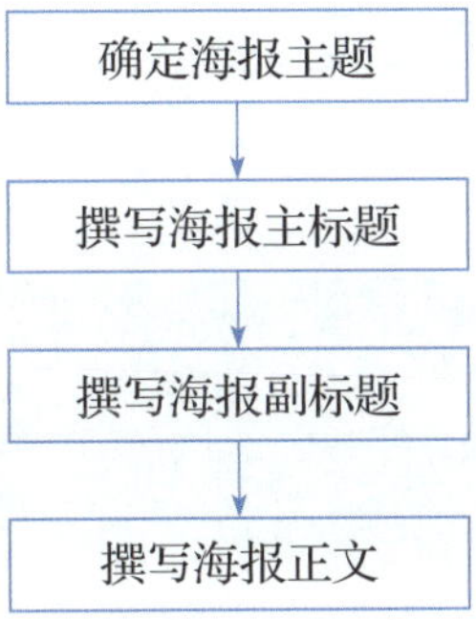

设计决策

一、确定海报主题

此次任务是为店铺的新品茶花随手杯设计一幅海报，根据海报主题的分类，可以选择新品上市主题。

二、撰写海报文案

（1）针对这款水杯，挖掘消费者的痛点：外出时水杯放包中会漏水，塑料材质的安全卫生问题。

（2）这款随手杯的密封圈设计，使得水杯即使倒立放置也不会漏水，玻璃材质安全无毒。

通过以上分析，确定了海报文案的主标题：倒立不漏；副标题：无铅玻璃，硅胶防烫。

任务实施

（1）新建图像。打开 Photoshop 软件，新建一个 950 × 450 px 的文档，文件名为“随手杯海报”。

（2）输入海报文案。点击文字工具，选择字体为微软雅黑，字号 60 点，输入主标题“倒立不漏”，保存。再输入副标题“无铅玻璃，硅胶防烫”，保存。如图 2－9 所示。

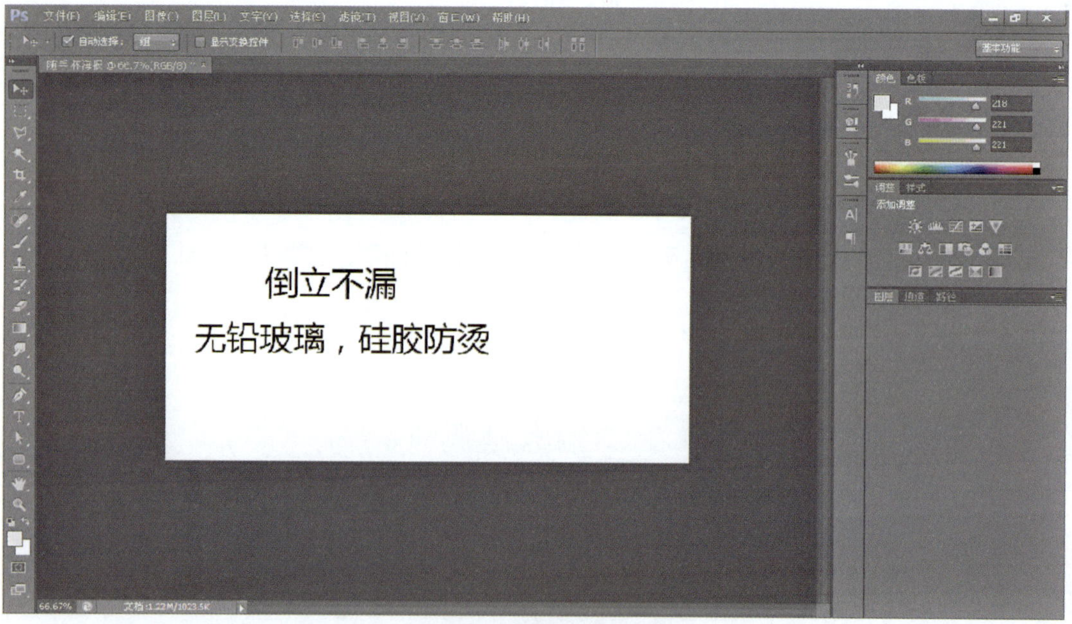

图 2－9　海报文案

同步实训

任务名称	为产品首页海报提炼文案
任务要求	五一劳动节快到了，需要为小熊蒸煮饭盒制作一张网店首页促销型海报，请你根据产品资料提炼该产品的首页促销型海报文案
制作规范	950 × 450 px，psd 格式
产品资料	品牌名称：Bear/ 小熊 产品名称：蒸煮饭盒 型号：DFH-S2116 功能：真空保鲜 蒸煮 加热 颜色分类：紫色 内胆材质：不锈钢 层数：2 层 原价：199 元 促销价：99 元 活动时间：5 月 1 日到 5 月 3 日 
海报的主题及文案	1. 海报主题： 2. 海报文案： 主标题： 副标题： 正文：

实训笔记

记录学习过程和任务实施中的重要知识点、所需要的学习应用资源，以及老师指导任务时提出的要点。

知识要点 / 学习问题	知识点的具体解释 / 学习应用资源 / 老师指导任务要点
1.	
2.	
3.	

任务二 海报设计

课前导学

1. 观看微课，熟悉实训任务和相关知识点，提出疑问

我的疑问：

2. 搜索水杯相关的海报素材，比较分析，思考海报的排版及颜色搭配

我的观点：

知识探究

一、素材选择

1. 需求沟通

海报设计 1

当接到需求的时候，先要找对需求的方向，才能提高工作效率，事半功倍。可根据拍摄的商品照片，寻找自己想要的素材。当然，前提是自己脑海中要有一定的画面感，明确海报要表达什么内容。

2. 确定商品特点

首先，应明确商品外观的特点。除此之外，还要了解商品的功效和主要卖点。例如，图 2－10 所示海报中的护肤品，其主要特点就是有一定的花香元素，还有就是有清新淡雅的元素。

图 2－10 商品特点

3. 确定风格

海报的设计风格有简约风格、可爱风格、清新风格、科技风格等，仔细观察各种风格的特点，每种风格代表的颜色都不相同。

（1）简约风格，就是简单而有品位，以简洁的表现形式满足人们对画面感性的、本能的需求，以白、黑的纯色为主，一般用于生活用品类和高端品牌，如图 2－11 所示。

图 2－11　简约风格

（2）可爱风格，是以卡通、可爱的元素构建的风格，会用到鲜艳的颜色，主要用于母婴用品或者是食品类，如图 2－12 所示。

图 2－12　可爱风格

（3）清新风格，是一种清新唯美、随意创作的风格，深受女孩喜爱，有淡雅、自然、朴实、超脱、静谧的特点，以浅色系为主，如图 2－13 所示。

图 2－13　清新风格

（4）科技风格，是具有科幻效果的风格，偏男性化，以蓝色、黑色为主色，元素的使用多样，例如比较尖锐的几何图形、线条和光线，主要应用于运动类或电器类，如

图 2－14 所示。

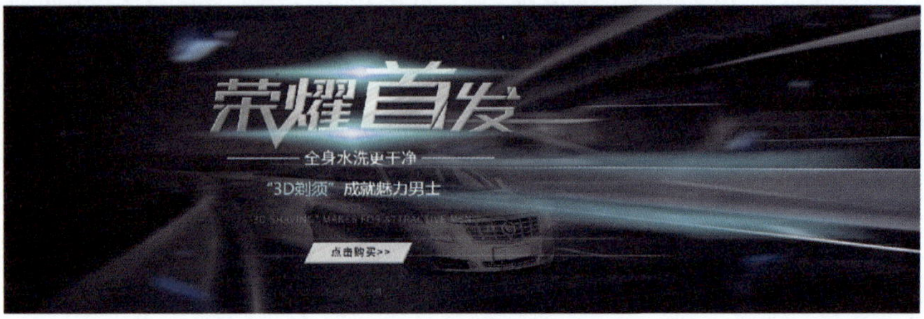

图 2－14　科技风格

4. 主体图的选择

电商海报的主体物一般是模特或者商品，是视觉焦点，主导着整个设计，是版面中最吸引人的部分。那么，呈现主体物的主体图需要具备哪些特征呢？

（1）清晰。一张模糊的图片，会毁掉所有的设计。高清的主体图显得更加精致、有品质感，会让用户感受到更多的细节，也能激发用户的购买冲动，如图 2－15 所示。

图 2－15　清晰

（2）饱满。饱满是指在有限的版面空间中，主体物一定要占据最大的视觉比例，让用户感受其重要性。可以采取放大主体物，或者多角度展示的方式，来使主体图显得更饱满，如图 2－16 所示。

图 2－16　饱满

（3）立体感、重量感。具有立体感、重量感的东西比较具有品质感。如果画面上的主体物只能有一个角度展示，那就尽量选择 30° ～ 45° 的侧面，避免正面，以免商品有干扁、廉价的感觉，如图 2－17 所示。

图 2－17　立体感

5. 背景的选择

背景是用来衬托主体物的，所以要根据品牌、商品特点来选择背景。海报背景设计方式大致分为以下两种：

（1）拍摄图用作背景。商品与场景搭配拍摄，直接用作背景，如图 2－18 所示。

图 2－18　拍摄图用作背景

（2）自制背景。将商品 / 模特抠取出来，根据商品 / 模特的颜色风格来选择背景。这时背景可以选择纯色、渐变、图形扁平化、3D 效果等，如图 2－19 所示。

图 2－19　自制背景

例如做一个中秋主题的海报，要先将文案提炼出来，按照主次分成主标题、副标题、正文，再选定风格定位，通过节日联想到有关的关键词：月亮、玉兔、孔明灯、夜空、灯笼、树、云层等。在脑海中简单构思一下构图的方式，背景可以为夜空，再根据关键词去寻找自己需要的素材。设计示例如图 2－20 所示。

图 2－20　中秋主题海报

二、海报构图

海报构图就是对海报文案、图片、色彩等要素进行创造性的组织安排，使其具有独立的创意和审美价值。海报中常见的构图形式有左右构图、上下构图、居中构图、几何形构图等。

1. 左右构图

左右构图是指把商品和主题文案左右摆放。整张海报第一眼看到的是商品，第二眼看到的是主题文案，其次才是渲染环境的元素。这种构图形式一般用于商品海报，如图 2－21 所示。

图 2－21　左右构图

2. 上下构图

上下构图是指把商品和主题文案上下摆放，这种构图形式可以用于商品海报或活动海报，如图 2－22 所示。

图 2－22　上下构图

3. 居中构图

居中构图是指把主题文案放在中间位置，商品放在两边。这种构图形式主要用于活动海报或店铺海报，如图 2－23 所示。

图 2－23　居中构图

4. 几何形构图

几何形构图包括圆形构图法、三角形构图法、菱形构图法、矩形构图法和梯形构图法，如图 2－24 所示。

图 2－24　几何形构图法

（1）圆形构图法。圆形构图法是指商品、模特、文案构成相对完整的圆形的内向集中的构图形式。这种构图画面更加完整，有一种自然、放松、热闹、趣味、韵律感的效果，如图 2－25 所示。

图 2－25　圆形构图法

（2）三角形构图法。三角形构图法是指商品、模特、文案构成相对完整的三角形的外向对齐的构图形式。其具有平稳、庄重、力量感，倾斜的三角图视觉上更活泼、动感，如图 2－26 所示。

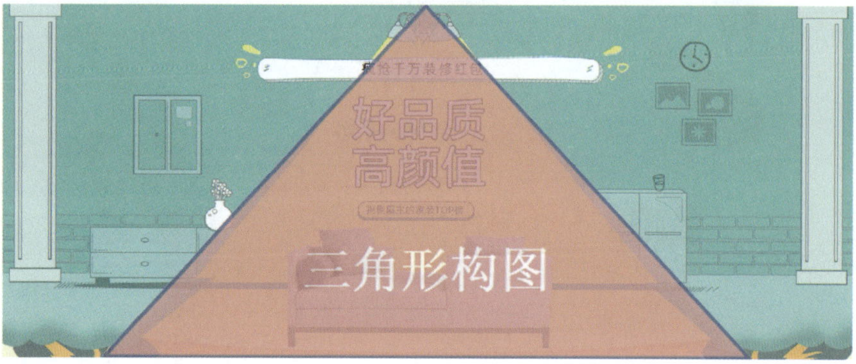

图 2－26　三角形构图法

（3）菱形构图法。菱形构图法是指商品、模特、文案构成相对完整的平行四边形的构图形式。其更具有运动感，有强烈的视觉张力，如图 2－27 所示。

图 2－27　菱形构图法

（4）矩形构图法。矩形构图法是指商品、模特、文案构成相对完整的长方形的内向集中的构图形式。这种构图画面完整利落，如图 2－28 所示。

图 2－28　矩形构图法

（5）梯形构图法。梯形构图法和三角形构图法类似，比三角形构图法更平稳，如图 2－29 所示。

图 2－29　梯形构图法

三、文案排版

海报的文案排版有四个原则：亲密、对齐、重复、对比。

1. 亲密

亲密原则就是将相关的信息分在一组，物理位置的接近意味着它们存在关联。

如果一张海报上有太多孤立的元素或者一有空白就填补各类元素，就会显得杂乱无章（见图 2－30）。亲密组合就好比写作文要分自然段一样，将相关的信息分在一组，会使整个画面富有条理性（见图 2－31）。但要注意避免在元素之间留出相同大小的空白，那样会显得没有层次。

海报设计 2

图 2－30　杂乱无章的排版

图 2－31　亲密组合排版

2. 对齐

任何元素都不能在页面上随意安放，每一项都应当与页面上的某个内容存在某种视觉联系。对齐原则就是要找一条明确的对齐线，并坚持以它为基准，使依附于它的元素建立起除亲密以外的秩序。对齐主要有左对齐、居中对齐、右对齐。但是要避免在同一画面上混合使用多种文本对齐方式，也要尽量避免居中对齐，那样虽然会使画面显得正式，但也更乏味。

如图 2－32 所示，将所有文案左对齐，给人稳重、力量、统一、工整的感觉，使得画面稳定，内容具有连续性。

图 2－32　对齐排版

3. 重复

设计中的某些方面需要在整个作品中重复。重复不仅对单页的作品很有用，对于多页文档或一套设计作品更是重要，通常称之为“一致性”。但要避免过多地重复一个元素，重复太多会让人生厌。

重复有颜色重复出现、高度／宽度重复出现、元素间距重复出现等表现形式。

如图 2－33 所示，将文案字体全部用统一字体，大小和位置没有改，只是去掉了花花绿绿的视觉元素（字体颜色），按照重复的原则进行编排。

图 2－33　重复排版

4. 对比

有重复就一定有对比，如果说重复是基调，那么对比就是焦点。对比的排版技巧可以有效增加画面的视觉效果。对比原则包含的内容很多，比如大字体与小字体、粗线条与细线条、冷色与暖色、平滑与粗糙、长宽与高窄、虚与实等。

如图 2－34 所示，将文案中最重点的语句运用颜色对比和大小对比加以强调和区分。

图 2－34　对比排版

四、色彩搭配

主体物、文案、背景这三者的颜色决定了整个画面的色彩。主体物的颜色是不能改动的，能够调整的只有文案和背景色。在设计时可以遵循这样的原则，将主体物上的色彩分给文案和背景，不需要考虑色彩搭不搭的问题，只需要考虑哪种色彩分给谁的问题，通过反复尝试，最后得出最佳配色方案，如图 2－35 所示。

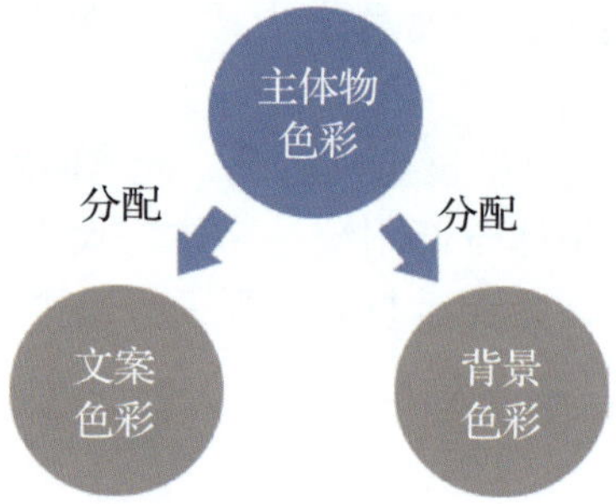

图 2－35　色彩结构

如果一张图中，主体物本身颜色比较丰富鲜艳，背景色也五颜六色的话就令人眼花缭乱了，这时候一般采用纯色的背景来缓解视觉疲劳和平衡多色之间的关系。

首先，提取主体物的色彩，分析主体物都包含哪些颜色，如图 2－36 所示。

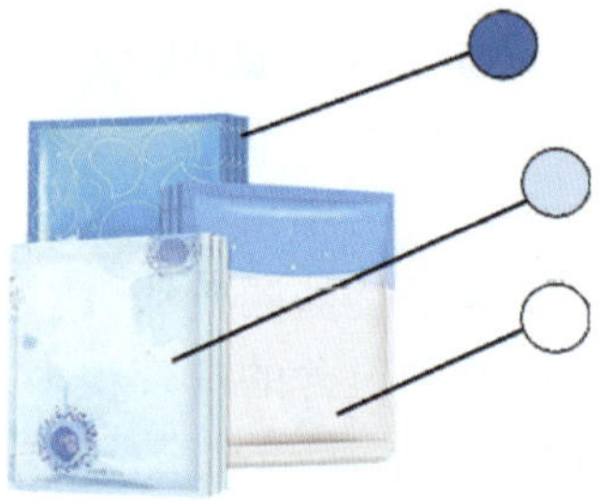

图 2－36　主体物色彩

接着进行应用，看一看哪种颜色占据最多，那就设定为主色，应用在背景中，将辅助色应用于文案和点缀色中。从图 2－36 中分析得到浅蓝色占据最多，其次是深蓝色和白色，如图 2－37 所示。

图 2－37　应用色彩

对于点缀色的使用，如果画面的色彩有点花，那么辅助元素就弱一点，采用和主色相同的色相，把画面稍微压一压，如图 2－38 所示。

图 2-38　相同点缀色

反之，如果画面太平静，需要加强一下气氛，那么辅助元素就可以采用强对比色或者反相色，来提升画面的对比度，如图 2-39 所示。

图 2-39　互补点缀色

五、细节点缀

细节点缀在海报的信息传达上并无重要作用，但是它在烘托画面的氛围、平衡画面构图、活跃版式方面，却有着举足轻重的作用。

如何找到适合海报风格的点缀元素呢？可以从以下四个方向入手。

1. 纹理背景

纯色纹理在质感上更丰富细腻，如图 2-40 所示。

图 2-40　纯色纹理

由相同元素重复平铺构成的纹理背景，可以与主题呼应，如图 2 - 41 所示。

图 2 - 41　相同元素纹理

变化的色块也具有纹理的作用，如图 2 - 42 所示。

图 2 - 42　色块纹理

2. 几何图形

几何图形几乎就是“万金油”，在任何主题的设计上都可以使用。任何几何元素都适合用来点缀画面，如小圆圈、三角形、小段曲线等，如图 2 - 43 所示。

图 2 - 43　几何图形

3. 主题相关的元素

如果画面的主题跟季节相关，那就可以点缀一些相应的元素来强化主题。例如图 2 - 44 中的主题是秋季，加入落叶元素之后，整个画面的氛围瞬间秋意十足。

图 2-44　主题相关的元素

4. 搭建小场景

把商品图抠出来之后，光影、色彩跟背景都会有点脱离，看着不太自然。可以考虑给商品搭建一个小场景，让它看起来像是在现实生活中看到的样子，如图 2-45 所示。不过要让场景尽量简单，复杂的场景一方面会让光影难以处理得真实自然，另一方面也会干扰到商品。

图 2-45　搭建小场景

流程计划

确定好海报文案后，根据海报的制作顺序制订以下计划：

素材选择
↓
海报构图
↓
文案排版
↓
色彩搭配
↓
细节点缀
↓
制作海报

设计决策

一、海报素材

商品特点：水杯的特点是有便携拎手，容量大，可存放热水或冰水。树叶、花瓣、棕榈叶等素材可以表现其清新淡雅。

确定风格：根据任务要求，将海报风格确定为简约风格。

主体物选择：选取倾斜、倒着拿的水杯，表现其倒立不漏，体现出立体感、质感。

背景选择：因为拍摄时没有场景图，所以将商品抠取出来，设计制作纯色背景。

二、海报构图技巧

海报构图元素：矩形构图法。

版面设计：左右构图，如图 2－46 所示。

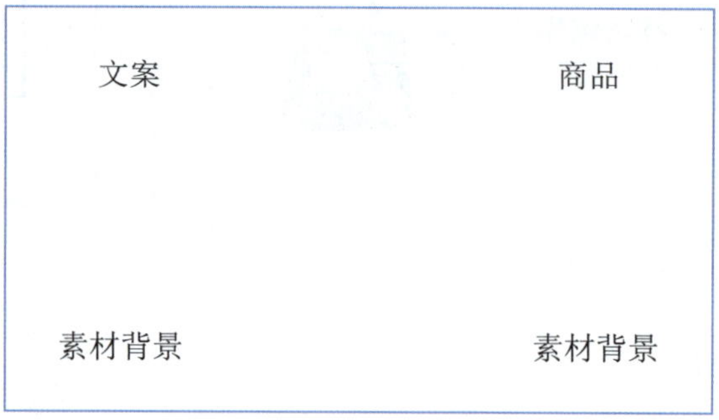

图 2－46　版面设计

字体选择：金桥繁综艺和黑体。

海报文案排版的四个原则：亲密、对齐、重复、对比。

三、色彩搭配

色彩选取：根据商品自身的颜色，将配色定为绿色和白色。

细节点缀：纹理背景。

任务实施

海报设计 3

（1）素材收集。根据设计决策，选择商品拍摄图（见图 2－47）。上网收集素材图片，如图 2－48～图 2－50 所示。

图 2－47 商品拍摄图

图 2－48 素材图 1

图 2－49 素材图 2

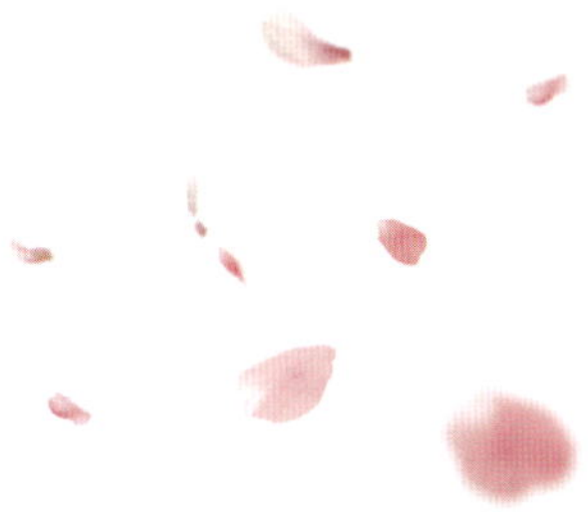

图 2－50 素材图 3

（2）打开文档。调出之前完成的海报文案，如图 2－51 所示。

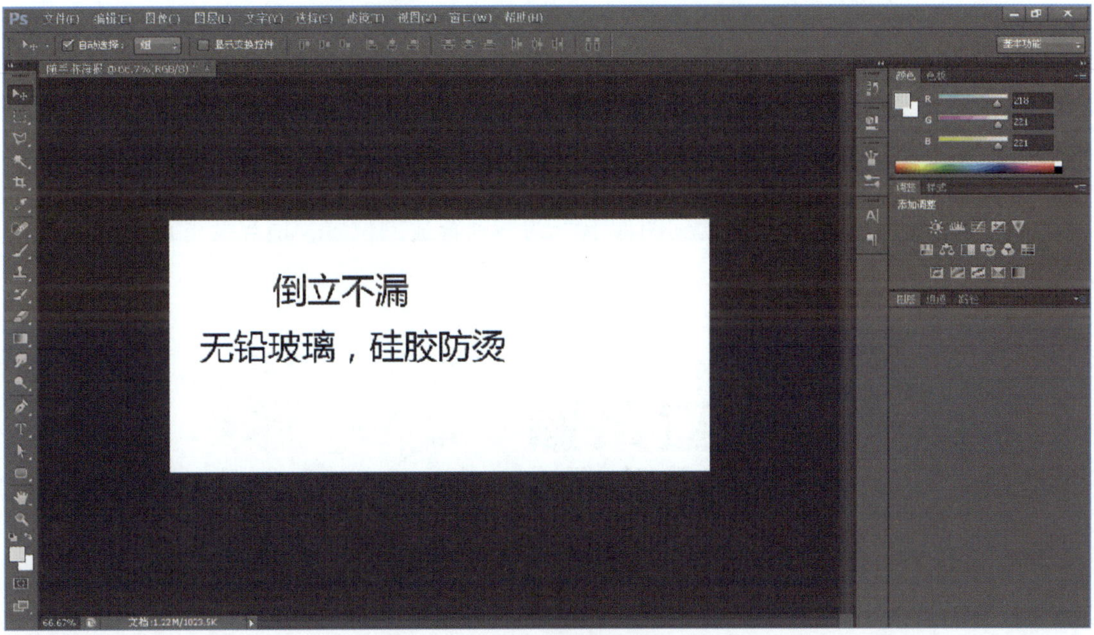

图 2－51 海报文案

（3）背景添加。隐藏文案图层，将素材抠好图放在海报内，背景调整为与随手杯相近的颜色，并给随手杯添加底纹，如图 2－52 所示。

图 2－52　添加背景和产品

（4）文字排版配色。把文案图层显示出来，调整位置，文字居中对齐，调整行间距；颜色为深绿色，突出“倒立不漏”，正文部分使用白色，添加深绿色底色，效果如图 2－53 所示。

图 2－53　文字排版配色后的海报效果

（5）细节点缀。将素材拖动到图像上，调整到合适的位置，适当变形调整大小，效果如图 2－54 所示。

图 2－54　添加素材后的海报效果

（6）保存文档。把文件保存到海报文件夹中。

同步实训

任务名称	为产品设计首页海报
任务要求	五一劳动节快到了，需要为小熊蒸煮饭盒制作一张网店首页促销型海报，请你根据产品文案设计海报
制作规范	950 × 450 px，psd 格式
海报文案	上一实训得出的海报文案
海报设计	1. 产品特点 2. 设计风格 3. 背景选择 3. 海报构图 4. 文案排版 5. 色彩搭配 6. 细节点缀

实训笔记

记录学习过程和任务实施中的重要知识点、所需要的学习应用资源，以及老师指导任务时提出的要点。

知识要点 / 学习问题	知识点的具体解释 / 学习应用资源 / 老师指导任务要点
1.	
2.	
3.	

任务三　海报上传

课前导学

1. 观看微课，熟悉实训任务和相关知识点，提出疑问
我的疑问：
2. 搜索海报上传的方法，比较分析，思考海报是如何上传到网店中的
我的观点：

知识探究

一、常见首页海报的呈现方式

海报上传

常见首页海报的呈现方式有单张首焦海报、轮播首焦海报和首页全屏海报。

淘宝网提供的自定义区默认的宽度为 950 px，最大容纳 950 px 宽的图片，一般店铺会在首页焦点位置放置一张 950 px 宽的单张海报。如图 2－55 所示。

图 2－55　单张首焦海报

除了自定义区可以放置海报外，淘宝网还提供了图片轮播的功能，可同时放置多张 950 px 宽的海报，以轮播的形式展示，在下方会有图片的序号显示，点击序号即显示对应的海报图片。如图 2－56 所示。

图 2－56 轮播首张海报

为了使呈现效果更佳、用户体验更好，可将海报宽度设为 1 920 px，这样基本上所有的显示器都可以完全铺满。但是，主要商品信息应在 1 280 px 之内或 950 px，这样就可以保证小屏幕显示器也能完全显示设计的主要内容。如图 2－57 所示。

图 2－57 首页全屏海报

二、轮播首焦海报的应用

（1）登录淘宝网，打开“卖家中心”，点击进入“店铺管理”中的“店铺装修”页面。

（2）用鼠标拖动基础模块中的“图片轮播”模块，如图 2－58 所示，将其拖动至店招与第一个模块之间，松开鼠标，“图片轮播”模块会被添加至首页，如图 2－59 所示。

图 2－58 “图片轮播”模块

图 2－59 添加“图片轮播”模块至首页

（3）“图片轮播”模块添加成功后，点击“编辑”（见图 2－60），进入图片轮播编辑窗口（见图 2－61），分别添加三张已经上传至图片空间的海报图（三张海报的宽和高必须一致），并设置各自对应的商品链接（见图 2－62）。

图 2－60 点击“编辑”

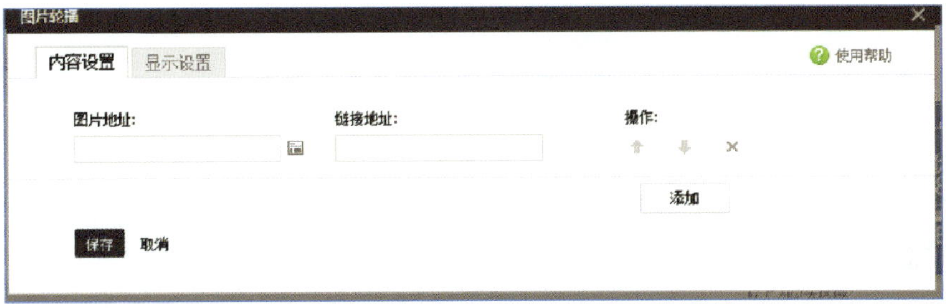

图 2－61 图片轮播编辑窗口

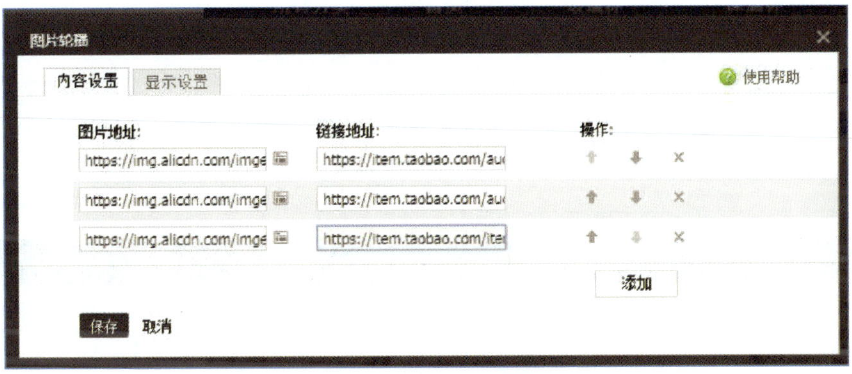

图 2－62 添加轮播图片与商品链接

（4）添加完链接之后，修改“显示设置”（见图 2－63）。“显示标题”选项控制是否显示本自定义区的标题，如果显示的话，海报上方会有一个白条，影响整体美观，所以一般选择不显示；模块高度设置为三个图片的共同高度（我们的图片高 450 px）；切换效果按店铺需要设置，一般情况下是左右滚动。完成后进行保存。

图 2－63 显示设置窗口

（5）发布后，可以在店铺首页看到三幅轮播焦点海报，如图 2－64 所示。

图 2－64　图片轮播效果

三、首页全屏海报的应用

（1）上传已经设计完成的全屏海报图片到店铺的图片空间里。

（2）登录淘宝网，打开“卖家中心”，点击进入“店铺管理”中的“店铺装修”页面。

（3）用鼠标拖动基础模块中的“自定义区”模块（见图 2－65），将其拖动至店招与第一个模块之间，松开鼠标，“自定义区”模块会被添加至首页（见图 2－66）。

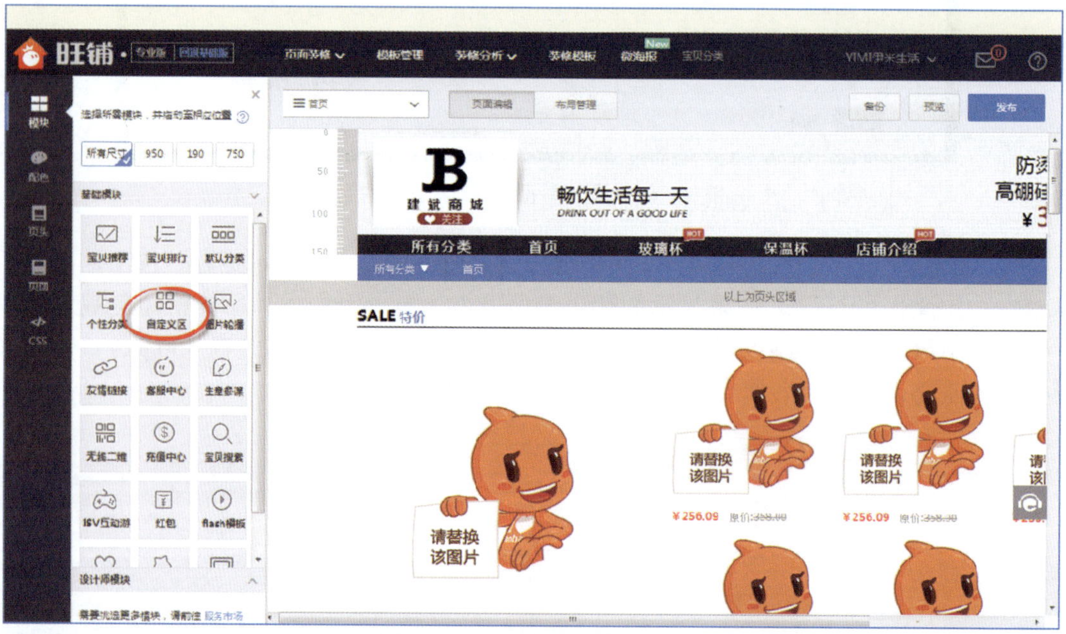

图 2－65　“自定义区”模块

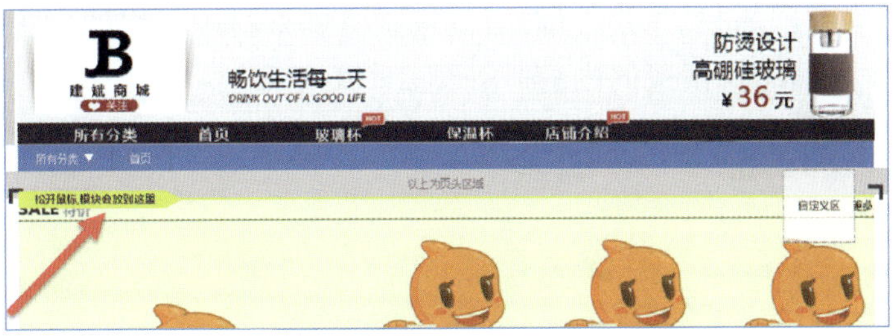

图 2－66　添加“自定义区”模块

（4）“自定义区”模块添加成功后，点击“编辑”（见图 2－67），进入自定义内容区（见图 2－68）。

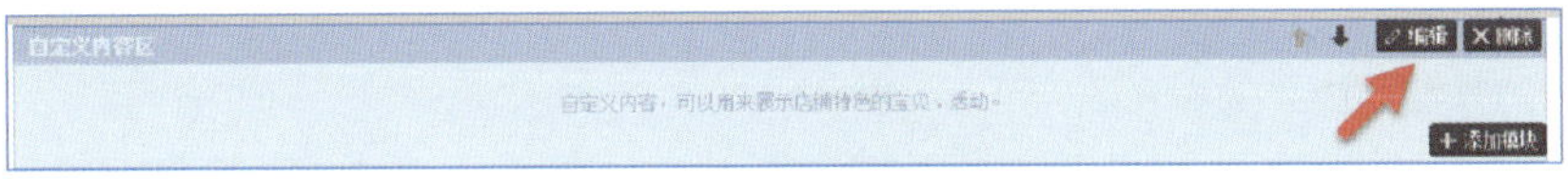

图 2－67　编辑自定义区

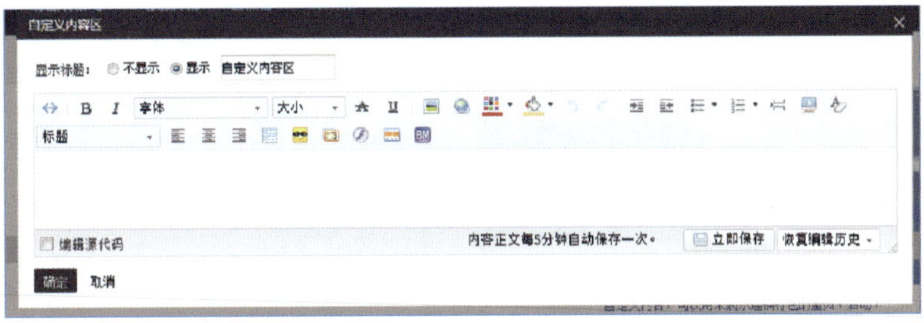

图 2－68　自定义内容区

（5）获取全屏海报代码。全屏海报代码获取方法如下：

1）进入稿定设计在线电商装修网站（https://www.gaoding.com/dianshang/zhuangxiu）。

2）点击进入“代码生成”类目下的“专业版”分类，如图 2－69 所示。

图 2－69　全屏海报代码生成

3）打开“淘宝全屏海报/视屏”页面，复制店铺素材中心里的海报，粘贴到生成器里的海报地址内，并粘贴所链接的内容，如图2-70所示。

图2-70　全屏海报网页生成器

4）点击“生成代码”，生成全屏海报代码，如图2-71所示。

图2-71　生成全屏海报代码

（6）点击“自定义内容区”窗口的“编辑源代码”，进入代码编辑状态，粘贴全屏海报代码中修改完成的代码至“自定义内容区”窗口中，并设置不显示标题，按“确定”保存，如图2-72所示。

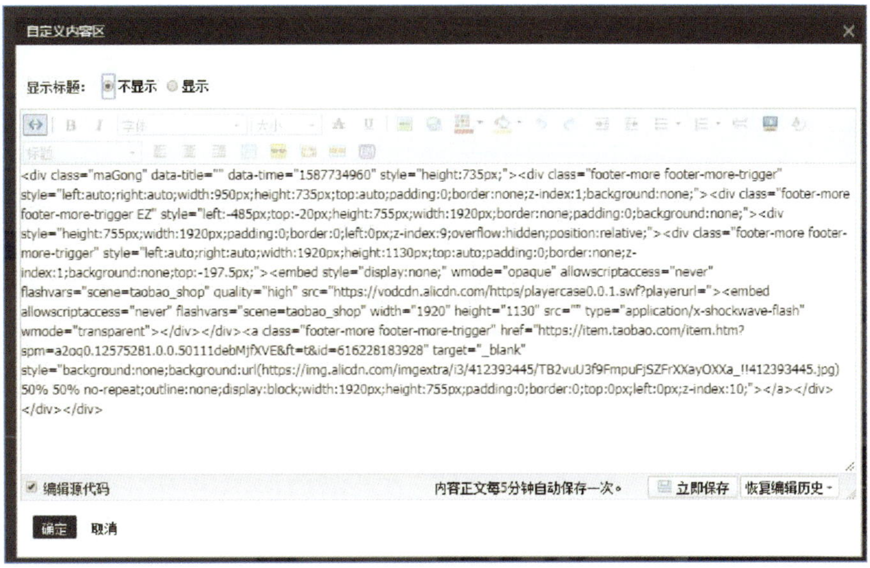

图 2－72　自定义区代码编辑

（7）发布后，可以在店铺首页看到全屏海报，如图 2－73 所示。

图 2－73　全屏海报效果

流程计划

通过对任务的分析及首页焦点海报应用的学习，制订首页焦点海报应用计划如下：

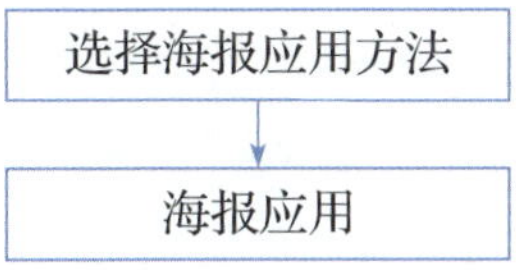

设计决策

我们学习了海报应用的方法，应根据具体的店铺装修效果有针对性地进行选择。

一、单张首焦海报的应用

将已经完成的 950 px 宽海报，应用至淘宝网店铺首页第一屏的自定义区中，并设置好产品链接。

二、轮播首焦海报的应用

将已经完成的三幅 950 px 宽海报，应用至淘宝网店铺首页第一屏的图片轮播里，并设置好产品链接。

三、首页全屏海报的应用

将已经完成的 1 920 px 宽的全屏海报，应用至淘宝网店铺首页第一屏的自定义区中，实现全屏海报的效果，并设置好产品链接。

根据任务要求，需要在首页进行一张焦点海报展示，并且宽度设计为 950 px，所以计划使用单张首焦海报来完成。

任务实施

（1）登录淘宝网，打开“卖家中心”，点击进入“店铺管理”中的“店铺装修”页面。

（2）用鼠标拖动基础模块中的“自定义区”模块，将其拖动至店招与第一个模块之间，松开鼠标，“自定义区”模块会被添加至首页。

（3）“自定义区”模块添加成功后，点击“编辑”，进入自定义内容区。

（4）将“显示标题”选项设置为不显示；点击“插入图片空间图片”按钮，将已经上传到图片空间里的海报图片添加到“自定义区”中，如图 2－74 所示。

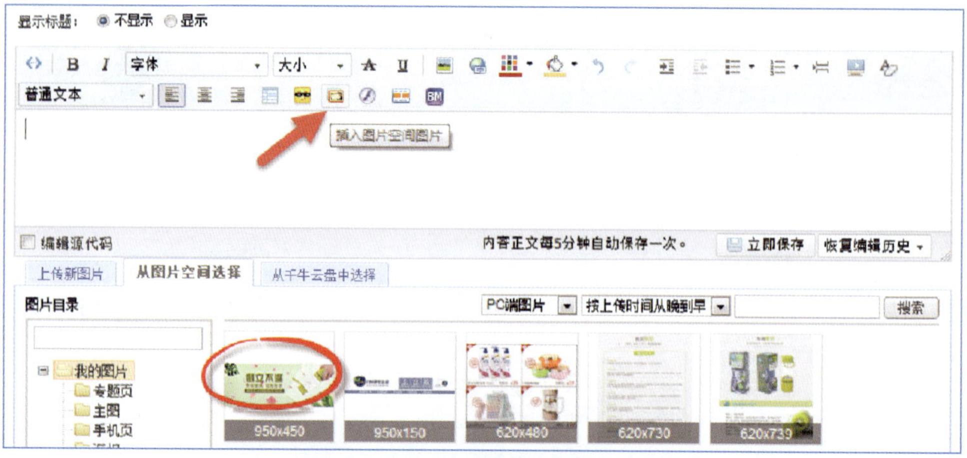

图 2－74　插入图片空间中的图片

（5）添加海报图片之后，选中图片，点击“编辑”按钮，在弹出的对话框中设置好需要链接的商品地址，如图 2－75 所示，点击“确定”保存。

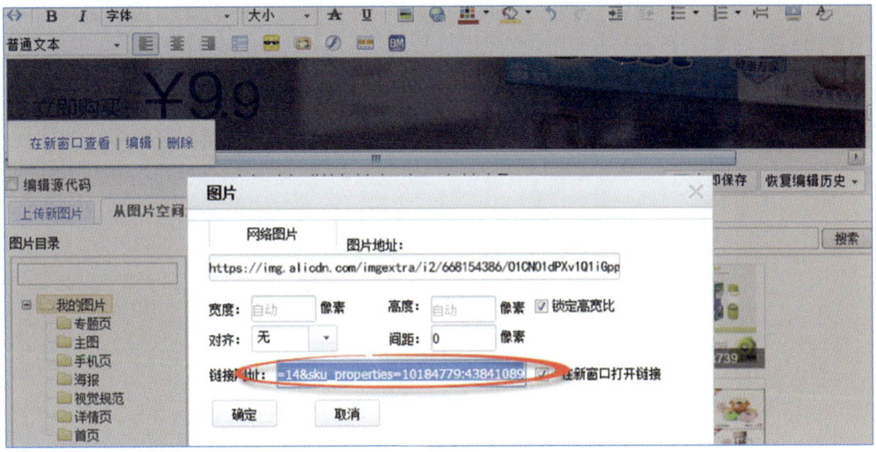

图 2－75　添加商品链接

（6）发布后，就可以看到单张首焦海报已经应用完成，并能够链接到对应的商品，如图 2－76 所示。

图 2－76　单张首焦海报效果

同步实训

任务名称	将产品海报上传到首页
任务要求	将做好的小熊蒸煮饭盒的促销型海报上传到首页
上传海报	

实训笔记

记录学习过程和任务实施中的重要知识点、所需要的学习应用资源，以及老师指导任务时提出的要点。

知识要点 / 学习问题	知识点的具体解释 / 学习应用资源 / 老师指导任务要点
1.	
2.	
3.	

情境考核

考核任务：海报设计

一、考核目的
了解海报的设计方法及步骤，掌握如何为“三年二班”文体店设计一张店铺宣传海报
二、考核准备
1. 组队：以小组为单位，3 ～ 4 人一组，并选出一名组长，分配好组员的工作 2. 素材：商品图片若干，见情境考核素材（电子资料，余同，不再标注）
三、考核任务
请从海报主题、背景、配色、字体、版面布局等方面入手为“三年二班”文体店设计一张店铺宣传海报，主题自拟，设计规格为 950 × 450 px
四、任务步骤
1. 确定海报主题 2. 撰写海报主标题 3. 撰写海报副标题 4. 撰写海报正文 5. 海报素材 6. 海报构图 7. 文案排版 8. 色彩搭配 9. 细节点缀 10. 用 Photoshop 制作海报 11. 用自定义模块把海报添加到店铺

续表

五、任务实施
1. 确定海报主题 2. 撰写海报文案

主标题	
副标题	
正文	

3. 构思海报关键词

4. 搜索海报素材

5. 确定字体

6. 文案排版

7. 色彩搭配

主色	
辅助色	

8. 版面设计

9. 细节点缀

10. 用 Photoshop 制作海报

11. 添加海报到店铺

续表

六、考核评价						
评价项目	评价指标	分数	评价说明	自我评分	小组评分	教师评分
作品评价（50分）	海报文案撰写	10分	简明扼要说明重点要素，吸引买家眼球，令人产生购买欲望			
	版面设计	10分	主题醒目，有突出重点的主题位置和空间，空间布局新颖，能够吸引受众的注意力			
	色彩应用	10分	色彩应用符合主题的视觉识别要求			
	制作技术	10分	文件尺寸符合店铺需要，图像制作精美，在制作过程中软件运用熟练			
	海报创意	10分	构思巧妙，能激发想象力			
完成态度（30分）	职业技能	10分	设计符合店铺需求，能够拓展相关知识，并通过多种形式加以展示			
	工作态度	10分	态度端正，工作积极认真			
	完成效率	10分	能在规定时间内按质按量完成分配的任务			
团队合作（20分）	沟通分析	10分	能主动提出问题，快捷有效地明确设计意图和需求			
	团队配合	10分	能与相关同学良好协作，共同完成任务			
计分						
总分（按自我评分20%、小组评分30%、教师评分50%计算）						
七、学习心得						

拓展训练

通过对本情境的学习，请你为自己的店铺设计三张首页海报，主题、尺寸根据店铺需要自拟。

学习情境三 勾起点击欲的主图

主图是买家进入商品页面的必经之路，无论买家是通过自然搜索还是类目搜索，展现在眼前的第一张图片就是商品主图。商品主图的好坏决定着买家在看到这张图片后能否产生兴趣并点击进入详情页。

学习目标

- 了解认识商品主图
- 掌握商品主图设计的方法
- 掌握商品主图的设计流程
- 能够独立完成商品主图的设计

情境引入

一张好的商品主图可以节省一大笔推广费用，吸引更多流量。设计部主管陈明针对新品上新的需要，发出任务单，要求设计制作茶花随手杯的有吸引力的主图五张。通过对任务单的分析，可以将其提炼分成商品主图认识、商品主图设计、商品主图上传三个子任务。

任务指派人	陈明	发出日期	
		完成日期 / 时间	
任务名称	茶花随手杯的主图制作		
任务用途	首页 □	主题独立页 □	官方承接页 □
	主图 ☑	直通车图 □	钻展图 □

续表

任务用途	详情基础优化 □	详情深度优化 □	
	官方引流图 □	主题广告图 □	新品上新 ☑
	常规活动营销策划 □	主题活动策划 □	大型活动策划 □
	商品运营策划 □		
	其他：		
任务要求	1. 构图好，图像清晰，能进行品牌宣传，可以有一定的场景表现 2. 从商品的角度和消费者的角度提取商品卖点来设计图片，勾起受众点击欲 3. 从卖点、排版、文案、色彩等方面结合设计以提高点击率，而不要简单粗暴地写上“顺丰包邮”“四折秒杀”“直降 10 元”等		
风格偏好	□普通简洁，中规中矩　☑ 大气简约，商业气息浓 □古典文化，怀旧经典　□年轻时尚，青春活力，另类 □热烈奔放，充满情趣　□其他：________________		
制作规范	800 × 800 px，jpg 格式		
自我检查	确认签名：		
组长检查	确认签名：		
验收人	确认签名：		

任务一　商品主图认识

课前导学

1. 观看微课，熟悉实训任务和相关知识点，提出疑问
我的疑问：

2. 思考主图的定义和作用、主图的要求及规格尺寸
我的观点：

知识探究

一、主图的定义和作用

主图主要出现在淘宝搜索页、店铺首页、商品详情页、商品分类页。图 3-1 所示展现了压力锅商品详情页主图，5 张主图分别展示了商品的卖点、使用场景、细节等，客户通过这几张主图对商品就有了直观的认识。

商品主图认识

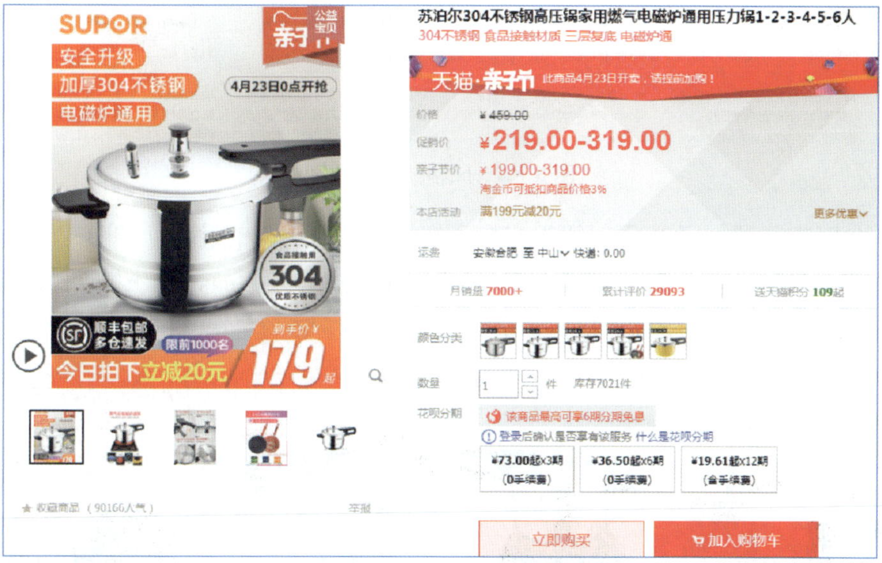

图 3-1 压力锅商品详情页主图

那么主图到底有什么作用呢？主图的作用主要有以下 3 个：

（1）提高点击率。在排名靠前的情况下，利用突出的主图，吸引客户点击商品。如图 3-2 所示，该主图融入了优惠信息以及场景人物图片，相比图 3-3 所示的图片就更加突出，点击率自然也提升了。

图 3-2 突出的主图

图 3-3 对比图

（2）提高自己店铺的辨识度和客户认知度。主图没有统一的风格和要求，很难让人记住。图 3－4 所示的主图风格统一、品牌突出，提高了店铺辨识度和客户认知度，销量也就自然而然提升了。

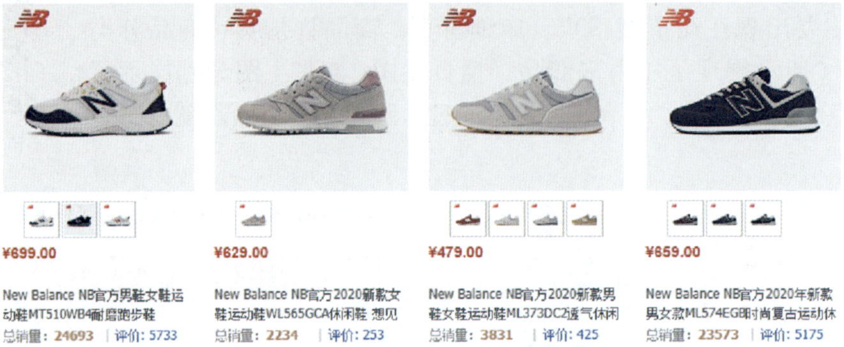

图 3－4　风格统一的主图

（3）全面完整地展示产品，便于客户了解详情，提升转化率。如图 3－5 所示，将主图当成详情页来设计，让客户通过几张主图就能详细了解产品，产生购买意愿，提升了转化率。

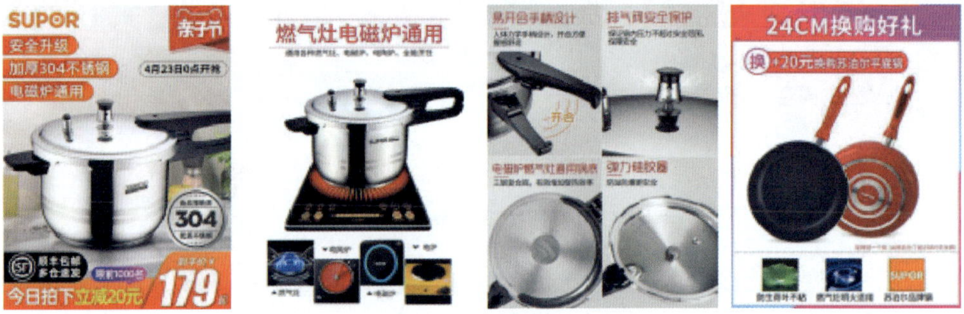

图 3－5　详情页主图

二、主图的要求及规格尺寸

1. 主图的要求

主图在提高点击率上有重要作用，制作一张好的主图有什么要求呢？

（1）第 1 张主图：在商品的 5 张主图中，第 1 张主图也被称为首图。首图是客户在平台搜索商品时出现在搜索页中的图片。首图的好坏将直接影响客户会不会点击商品。一般来讲，每个搜索页面大约会出现 50 件商品，客户在每张图片上的停留时间只有零点几秒。怎样才能在如此短的时间内让客户来点击商品，此刻就需要首图发挥作用。在这张首图中，要注重差异化设计，比如从颜色、风格、卖点、个性等方面来突出，准确无误地将产品的核心卖点展现出来，同时也要符合商品的实际功能，展示其全貌。如图 3－6 所示，这个商品首图就很好地展示了核心卖点。

图 3 - 6 首图

除了首图之外，其他的 4 张主图称为辅助图，起到辅助的作用，它们和首图一起组成了一个微缩版的详情页。在移动端购物越来越普遍的当下，很多客户在划动 5 张主图的时候，就已经对产品有了一定的了解，在看完评论之后，心中就已经形成了购买意向，可见主图内容和逻辑顺序的重要性。

（2）第 2 张主图：负责解决买家的需求，如果是功能型商品就介绍商品核心的功能，如果是外观型商品就多角度地展示外观。图 3 - 7 所示就是功能型商品的第 2 张主图。

图 3 - 7 第 2 张主图

（3）第 3 张主图：负责获得客户的信任，解决客户购物风险问题。功能型商品可以多角度展示商品细节，如图 3 - 8 所示。

（4）第 4 张主图：负责展示商品促销信息，促使买家决定购买，如图 3－9 所示。

（5）第 5 张主图：建议根据官方要求放置白底商品图，且不加任何文字，上手淘首页使用，如图 3－10 所示。

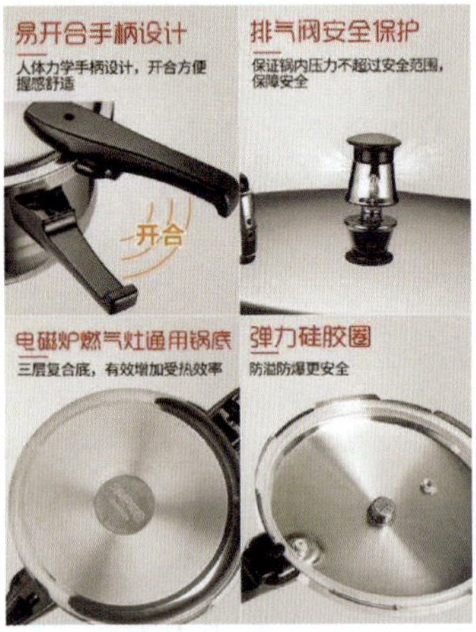

图 3－8　第 3 张主图

图 3－9　第 4 张主图

图 3－10　第 5 张主图

2. 主图的规格尺寸

淘宝网可上传的主图的规格尺寸最小为 310×310 px，不能放大；但 700×700 px 以上尺寸通常会附带放大镜功能，因此一般行业主图的尺寸基本是 800×800 px。具体主图的类型、要求如表 3－1 所示。

天猫不同类目的主图要求

表 3－1　主图的类型、要求

类型	要求	备注
主图（即商品发布页的“电脑端宝贝图片”）	大小≤3 MB	1. 若图片宽、高为 700×700 px 或以上，详情页会自动提供放大镜功能 2. 图片空间支持上传 gif 格式，但发布页、详情页均不支持使用和展示
	宽、高无强制要求，展示效果自由把控 举例：可用 700×700 px，也可用 750×1 000 px	
	建议“正方形”图片（即宽和高的比例为 1 : 1）	
	上限 5 张（部分类目第 5 张的位置要求传白底图）	
3 : 4 主图	宽度≥750 px	1. 设置 3 : 4 主图的前提是需要设置 3 : 4 主图视频 2. 设置后商品详情页将不显示 1 : 1 的主图
	高度≥1 000 px	
	宽、高强制比例 3 : 4	
	上限 5 张	

续表

<table>
<tr><th>类型</th><th>要求</th><th>备注</th></tr>
<tr><td rowspan="3">白底图
（第五张主图）</td><td>38 KB< 大小 <300 KB</td><td rowspan="3">1. 无 Logo、无水印、无文字、无拼接、无“牛皮癣”、无阴影，最好将素材抠图，边缘处理干净
2. 图片中不可以有模特，必须是平铺或者挂拍，不可出现衣架、商品吊牌等
3. 商品需要正面展现，不可侧面或背面展现
4. 图片美观度高、品质感强，商品展现尽量平整
5. 构图明快简洁，商品主体突出，要居中放置
6. 每张图片中只能出现一个主体，不可出现多个相同主体
7. 图片中商品主体完整，展现比例不要过小，商品主体要大于 300 × 300 px</td></tr>
<tr><td>背景为白底（白色）</td></tr>
<tr><td>宽、高建议 800 × 800 px</td></tr>
<tr><td rowspan="3">长图
（第六张主图）</td><td>宽度≥ 480 px</td><td rowspan="3">1. 男装、女装、内衣等部分类目开放上传入口，效果如图 3 - 11 所示
2. 长图在手淘中展示的位置有以下几个：主搜、类目搜索、女装各频道、营销活动商品图、直通车
3. 点击上传后提供剪裁工具，不用自己剪裁</td></tr>
<tr><td>宽、高强制比例 2∶3</td></tr>
<tr><td>宽、高建议 800 × 1 200 px</td></tr>
</table>

图 3 - 11　手淘搜索商品长图展示

流程计划

通过对任务的分析及商品主图知识的学习，制订主图素材选择和美化计划如下：

选择5张商品图片

↓

确定1张首图图片

↓

美化5张主图图片

设计决策

一、选择 5 张商品图片

在图 3－12 所示的 9 张茶花随手杯图片中，根据主图素材选择的要求，选出 5 张作为商品发布的主图。

图 3－12　茶花随手杯

二、确定 1 张首图图片

在选出的 5 张茶花随手杯主图中再选出 1 张作为首图，另外 4 张就自动成为辅助的主图。

三、美化 5 张商品图片

（1）裁剪主图大小为：800 × 800 px，再调整图片的亮度和曝光度，使其明亮清晰。

（2）其他 4 张辅助的主图符合要求，不需要美化。

任务实施

商品主图有 5 张，为了减少客户的浏览成本和思量时间，在第一屏最好引导部分客户直接购买，所以在主图的展现上需要下点功夫。根据茶花随手杯的特点，5 张主图是这样安排的：

第 1 张主图：一定要干净，不留“牛皮癣”，有品牌 Logo，商品清晰完整，吸引客户点击。

第 2 张主图：功能图，展示商品功能，解决客户需求。

第 3 张主图：细节图，展示商品细节，获得客户信任。

第 4 张主图：优惠图，展示折扣优惠，促使客户购买。

第 5 张主图：白底图，完整展示商品本身，不添加任何元素。

根据上面的安排，选择 5 张茶花随手杯的主图，顺序如图 3－13 所示。

图 3－13　主图顺序安排

确立一张为首图，如图 3－14 所示。

图 3－14　确立首图

美化首图图片：

（1）在 Photoshop 中打开首图图片，如图 3－15 所示。

图 3－15　在 Photoshop 中打开首图

（2）调整色阶中的白场，如图 3－16 所示。

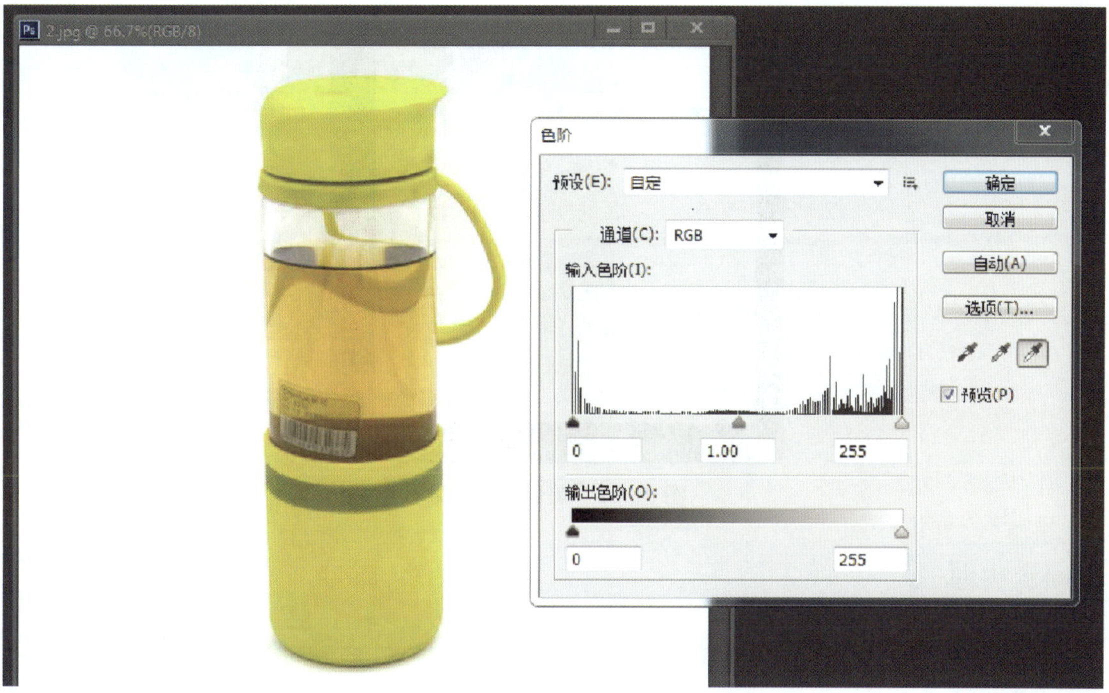

图 3－16 调整色阶中的白场

（3）调整色相 / 饱和度，如图 3－17 所示。

图 3－17 调整色相 / 饱和度

（4）保存图片为“首图 .jpg”，美化后的效果如图 3－18 所示。

图 3－18　美化后的效果

同步实训

任务名称	选择 5 张主图素材并调整好顺序
任务要求	根据主图的要求，从下面的商品图片中选出 5 张作为商品主图素材，裁剪好大小，调整好亮度及色调，并调整好顺序
制作规范	800 × 800 px，jpg 格式
商品图片	

续表

操作要求	1. 从上面的商品图片中选出 5 张主图并确定好顺序 2. 确定一张为首图 3. 对 5 张主图进行基础美化

实训笔记

记录学习过程和任务实施中的重要知识点、所需要的学习应用资源，以及老师指导任务时提出的要点。

知识要点 / 学习问题	知识点的具体解释 / 学习应用资源 / 老师指导任务要点
1.	
2.	
3.	

任务二 商品主图设计

课前导学

1. 观看微课，熟悉实训任务和相关知识点，提出疑问
我的疑问：

2. 思考主图的设计规范、构图方式以及首图应包含的元素
我的观点：

知识探究

一、主图设计的注意事项

商品主图设计

1. 主图中的商品要突出

主图中，商品主体一定要清晰，占比一定要高，要让消费者一眼就能看清楚店铺卖的是什么。主体突出的首图，会给消费者最直观的感受，直接锁定这款商品就是他所需要的。如图 3－19 所示，左边第 1 张图就更能突出商品主体。

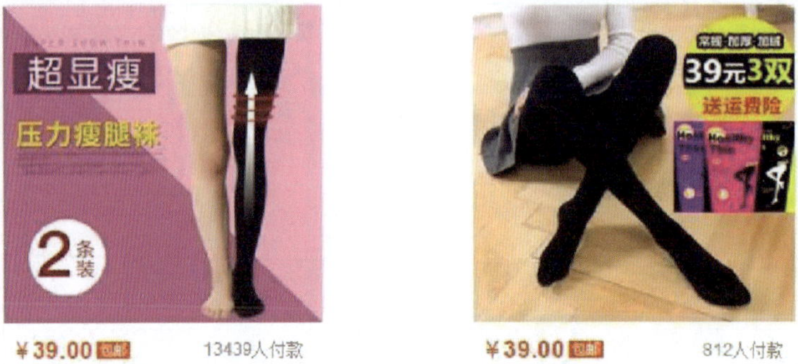

图 3－19　突出商品主体的主图对比

2. 主图与商品的主关键词、大流量词要保持一致

每个买家搜索关键词都是带着目的的，比如搜索碎花裙子，那么就是要碎花的；搜索长筒袜，短袜就是不需要的。因此要让主图与商品的主关键词、大流量词，特别是成交词保持一致。如果商品的主关键词是可爱童装，那么首图就往可爱这个方向走，这样买家才会有兴趣点击浏览。

3. 主图上展现商品的核心属性词

主图不是越美观越大气就越好，而是要把商品的核心属性词展示出来。比如商品的关键词是“婴儿可用消毒水”，那就可以在主图上直接标明此消毒水可用于有婴儿的家庭，写明医用级别，让家长更加放心购买使用。主图上表达了消费者正想寻找的内容，点击率自然就提高了。

4. 主图卖点文案要直击买家需求

商品的卖点不需要很多，太多会让消费者记不住，只要展现核心的卖点就可以了。商品的核心卖点要以显眼的方式展示在首图上，消费者是追求特价，还是追求品质，或者是要功能多，研究清楚之后，主图的文案也就知道要写什么了。有些卖家提炼的卖点不好，是因为他们认为的卖点不是消费者所接受、所需要的卖点，那么对于买家也就没有吸引力。举个例子：儿童牙膏。每个家长都会担心小朋友刷牙的时候把牙膏吃进肚子里，如果主图文案中写“牙医推荐可以吃的牙膏”，这一句话就能吸引家长。如图 3－20 所示，该主图文案直击买家的需求，因此销量也就高了。

图 3－20　直击买家需求的主图

5. 主图上避免出现无价值的文案

营销学上有个 3 秒法则，就是消费者看到商品最多给 3 秒做决定，是忽视还是停留。3 秒钟根本看不了太多的文案，所以不要在首图上同时突出太多的卖点，不得不加的卖点可以缩小，合理地进行排版。其实搜索页面上同质同价的宝贝太多了，分到每个宝贝上的选择时间基本不到 1 秒。另外文案过度也算“牛皮癣”，会影响推荐。

6. 主图要迎合目标消费者

首图其实是为了迎合一部分人，而不是迎合所有人，也没有任何首图能够迎合所有人。所以一定要改变自己的思维，制作的首图在精准流量下获得高点击率就可以了。

二、主图设计的思路

1. 确定精准消费人群

开始制作主图之前，要考虑产品的对应消费人群，了解对应消费人群的偏好、兴趣爱好、消费能力及消费水平等。因此，要做针对对应人群风格的图片，一张图片不可能把所有的人群都覆盖了。

2. 根据消费人群的真实需求挑选商品图

消费人群确定好之后，接下来要了解消费人群的真实需求。消费者的需求往往隐藏在关键词中。在做主图的时候，如果忽略消费者在搜索关键词时真正想要看到的东西，会导致主图的点击率不高。举个例子：假如消费者搜索“加绒牛仔裤”，那么图 3－21 中哪张图更吸引他呢？

图 3－21　展示买家需求的主图对比

很明显，是左边的图，因为消费者搜索的是“加绒牛仔裤”，他的需求是一条加绒的牛仔裤，左边的主图展示了加绒，右边的主图只是展示产品的上身效果，很明显不符合消费者第一需求。

3. 添加卖点文案

文案是直接表达卖点的方式。卖点要简单明了，用最少的字表达出商品最重要的信息，一针见血，找到消费者最关心的地方，是打折优惠、产品功能还是快递优势等。找到这些卖点之后，挑选最重要的放到主图上，吸引消费者目光，促成点击。

（1）价格优惠卖点。如果价格策略允许的话，可以好好设计一下打折、优惠券信息等，如图 3－22 所示。

图 3－22　价格优惠的主图

（2）赠品卖点。举个例子，我们去超市购物的时候，经常会遇到 A 产品和 B 产品价格差不多，质量也差不多，但 B 产品有赠品，而赠品正好也是近期想买的或后期用得上的，于是大部分消费者就选择 B 产品。网上购物也一样，主图上展现搭配的赠品，可以刺激买家优先选择。这就需要分析购买人群，选择好的赠品营销策略。如图 3－23 所示，眼影刷就是比较合适的赠品。

图 3－23　搭配赠品的主图

（3）功能卖点。比如儿童手表，妈妈们可能担心孩子洗手、玩水的时候会进水，如果手表能深度防水，那么这种亮点就可以做重点卖点描述，吸引有这部分需求的人群。突出功能卖点的主图如图 3－24 所示。

图 3－24　突出功能卖点的主图

此外，还有其他的卖点可以结合商品本身去挖掘，但切忌“牛皮癣”。

4. 根据差异化选择主图背景或细节点

根据关键词抓住消费者需求，然后展示商品，是做主图的第一步，但在搜索页面非常多的主图中，同款甚至同图片的商品都非常多，如果没有差异化，很难让消费者注意到你的商品。那么，如何才能做到差异化呢?

（1）背景颜色差异化。比如在大多数主图都是深色背景的情况下，采用浅色的背景就抓住了消费者的视觉。但是切记要做到美观，与店铺风格不冲突，不能盲目为了差异而胡乱用颜色。

（2）角度差异化。如图 3－25 所示，这 3 款打底裤，左边是正面的站姿半身图，中间是侧面坐姿图，右边是侧面半跪图和正面坐姿图。

图 3－25　角度差异化的主图

（3）细节差异化。如图 3－26 所示，这两款童鞋都注重透气，但是左图对于透气的细节展示更多，比如网面、气孔。

图 3－26　细节差异化的主图

（4）场景差异化。如图 3－27 所示，这两款都是儿童单车，左图只是正常的产品展示，右图则是儿童骑行的快乐场景。

图 3－27　场景差异化的主图

差异化远不止上述几个例子，需要结合产品所在的类目以及产品情况来制作适合的差异化主图。

5. 主图构图

在主图画面中，处于主导地位的是构图。构图是商品呈现效果的直接影响因素。主图的构图方式可以参考学习情境二海报的构图，根据各种不同的商品，主图构图有所不同。

6. 主图的信息分层

信息分层就是将主图中的信息按照一定的计划进行展示，比如主图中包括 3 层信息，那么就要计划好先将什么信息进行重点展示，其次展示什么，最后展示什么。

如图 3－28 中左图所示，可看出最优先展示的是商品本身，商品图片在整个画面中最突出；其次是商品价格，价格的颜色对比很强烈，表现力仅次于商品；再次是使用文案表现商品的材质；最后是品牌 Logo。整个主图中的信息主次明显，主题明确。

如图 3－28 中右图所示，同样是最优先展示商品，其次是商品价格，再次是商品为正品，最后是商品品牌。

图 3－28　主图的信息分层

主图信息分层的目的是将商品最有优势的点进行优先展示，让买家最先看到，比如商品性价比高，那么就优先展示价格；商品品牌效应强，就优先展示商品品牌。

7. 主图的品牌宣传

线下有一定基础的品牌转到线上后，完全可以将品牌 Logo 统一放置在主图的左上角，使了解此品牌的老顾客能快速识别，并通过主图中的 Logo 展示，认定这就是自己要的正品。同时，也让新顾客能快速认识此品牌，吸引其关注和消费，这对品牌的塑造和宣传有很大的作用。

图 3－29 所示为将品牌 Logo 展示的主图效果，让顾客对产品加深印象。

图 3－29　主图的品牌宣传

三、主图打标

在经营淘宝店铺的过程中，新品主图最好进行打标处理。它可以获得较高的权重，如果到了下架日，新品打标权重、淘宝上下架权重以及标题权重等叠加起来，那时候商品一定会排到前 4 页，甚至首页，从而给店铺带来很多的流量以及销量。主图打标要注意以下事项：

主图打标步骤

（1）活动图标内容要与店铺内活动及商品信息一致，避免引起不必要的纠纷。

（2）设置时一定要注意图标的形式以及自主打标后是否违规。

主图打标时，可以使用店铺管理下的智能设计，如图 3－30 所示。

图 3－30　智能设计

流程计划

根据主图制作的要点和方法，制订以下计划：

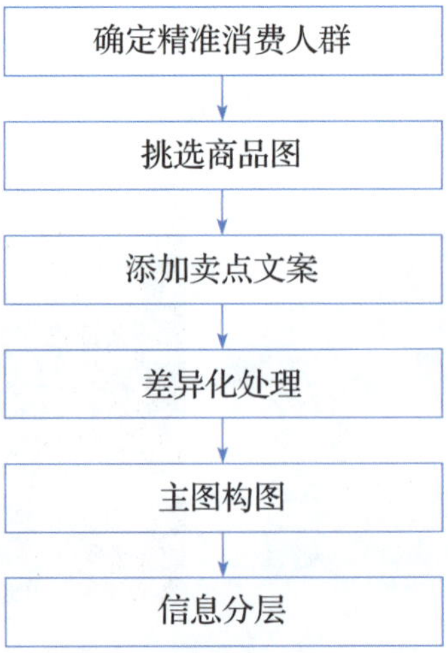

设计决策

一、制作首图

（1）确定精准消费人群：青年。
（2）挑选商品图：防漏水商品图。
（3）添加卖点文案：玻璃、运动、防漏耐热、包邮。
（4）差异化处理：由于是运动水杯，所以场景为水中杯。
（5）主图构图：采用左右排版的构图方式。
（6）信息分层。
（7）确定字体：微软雅黑。
（8）确定配色：蓝色和橙色（蓝色与场景融合，橙色突出卖点）。

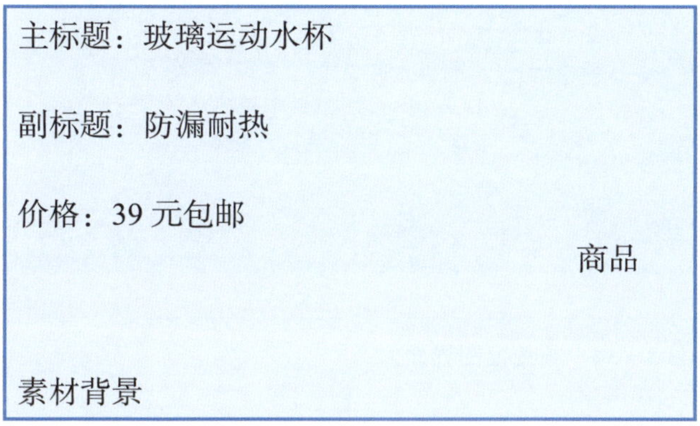

二、制作 4 张辅助的主图

添加商标和文字水印，其中第 2 张主图通过文字强调功能，第 3 张主图突出商品细节，第 4 张主图通过贴图标签展示优惠，第 5 张主图纯白底图，只完整展示商品正面。

任务实施

（1）素材收集。根据设计决策，挑选出商品拍摄图，如图 3－31 所示。上网收集素材图片，如图 3－32 所示。

（2）打开文档抠图。

1）登录淘宝卖家中心，进入店铺管理下的智能设计工作台，如图 3－33 所示。

图 3－31　商品拍摄图

图 3－32　素材图

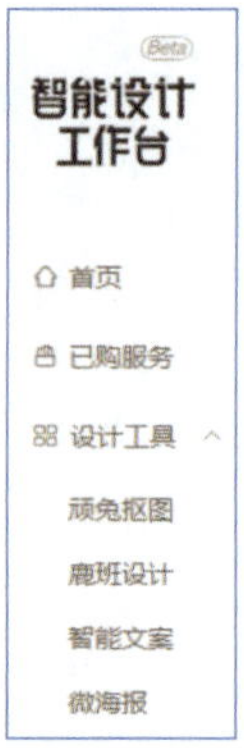

图 3－33　智能设计工作台

2）选择“顽兔抠图”，进入顽兔抠图界面，如图 3－34 所示。

图 3－34　顽兔抠图界面

3）点击“上传图片”，找到需要抠图的商品图片，确定上传后点击“一键智能抠图”，如图 3－35 所示。

图 3－35　智能抠图界面

4）顽兔抠图自动进行抠图，智能抠图后的效果图如图 3－36 所示。

（3）添加素材。将素材拖动到图像上，调整到适合的位置，适当变形调整大小，效果如图 3－37 所示。

（4）文字排版配色。输入标题文字和文案，调整位置，左对齐，设置橙色矩形背景，白色字“防漏耐热”，标题和价格利用大字号来突出，使用蓝色，效果如图 3－38 所示。

图 3－36　智能抠图后的效果图

图 3－37　添加素材的首图效果

图 3－38　文字排版后的首图效果

（5）制作 4 张辅助的主图。如图 3－39 所示。

图 3－39　辅助的主图效果

（6）保存文档。把文件保存到主图文件夹中。

同步实训

任务名称	设计制作小家电的 5 张主图
任务要求	根据上一任务中挑选出来的 5 张主图素材，设计制作 5 张用于新品发布的主图
制作规范	800 × 800 px，jpg 格式
产品资料	品牌名称：Bear/ 小熊 产品名称：蒸煮饭盒 型号：DFH-S2116 功能：真空保鲜 蒸煮 加热 颜色分类：紫色 内胆材质：不锈钢 层数：2 层 原价：199 元 促销价：99 元 活动时间：5 月 1 日到 5 月 3 日 
制作要求	1. 第 1 张主图要有吸引眼球的背景、文案和促销信息 2. 第 2 ～ 4 张主图主要展示产品的功能、细节、优惠信息，在左上角要有产品 Logo 3. 第 5 张主图为白底图

实训笔记

记录学习过程和任务实施中的重要知识点、所需要的学习应用资源，以及老师指导任务时提出的要点。

知识要点 / 学习问题	知识点的具体解释 / 学习应用资源 / 老师指导任务要点
1.	
2.	
3.	

任务三 商品主图上传

课前导学

1. 观看微课，熟悉实训任务和相关知识点，提出疑问
我的疑问：
2. 设计制作好商品主图，思考应该如何将其上传到店铺中
我的观点：

知识探究

一、素材中心介绍

商品主图上传

1. 素材中心登录方式

登录淘宝网，点击“千牛卖家中心”进入千牛卖家工作台，点击左边“店铺管理”中的图片空间，进入素材中心。

2. 素材中心界面

素材中心界面如图 3－40 所示。

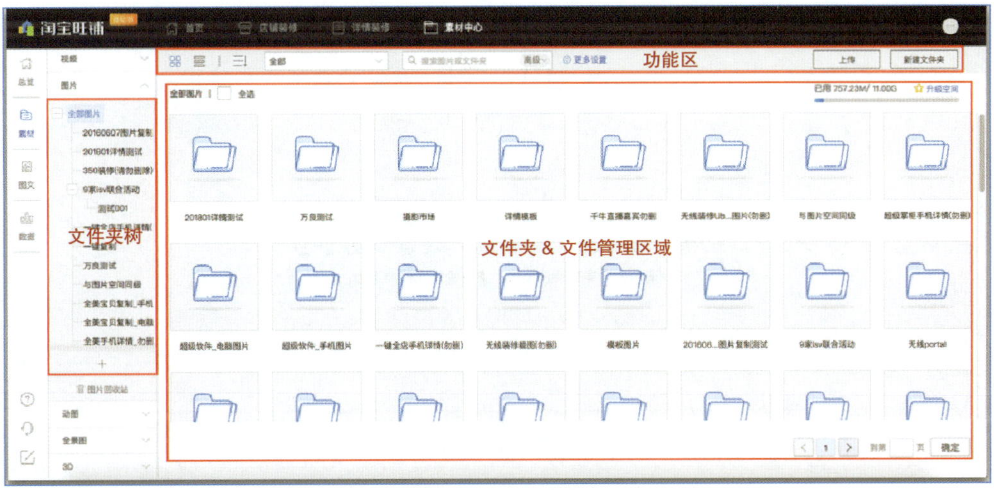

图 3－40 素材中心界面

二、上传图片到素材中心的方法

（1）登录素材中心界面，点击右上角的“上传”按钮，如图 3－41 所示。

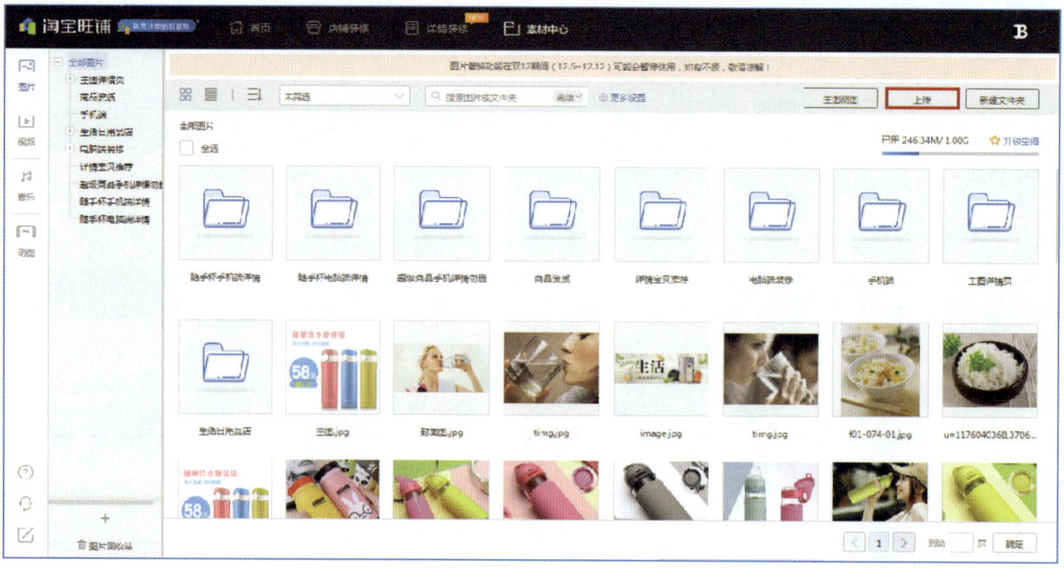

图 3－41　素材中心界面

（2）出现上传图片窗口，如图 3－42 所示。这时可以点击“新建文件夹”来更改图片存储的位置，也可以设置水印，在“添加水印”前打勾给图片加入设置的水印，还可以进行图片宽度调整。可将图片或文件夹拖放到此处上传，或点击上传。为了保证图片的正常使用，仅支持 3 MB 以内 jpg、jpeg、gif、png 格式图片上传。

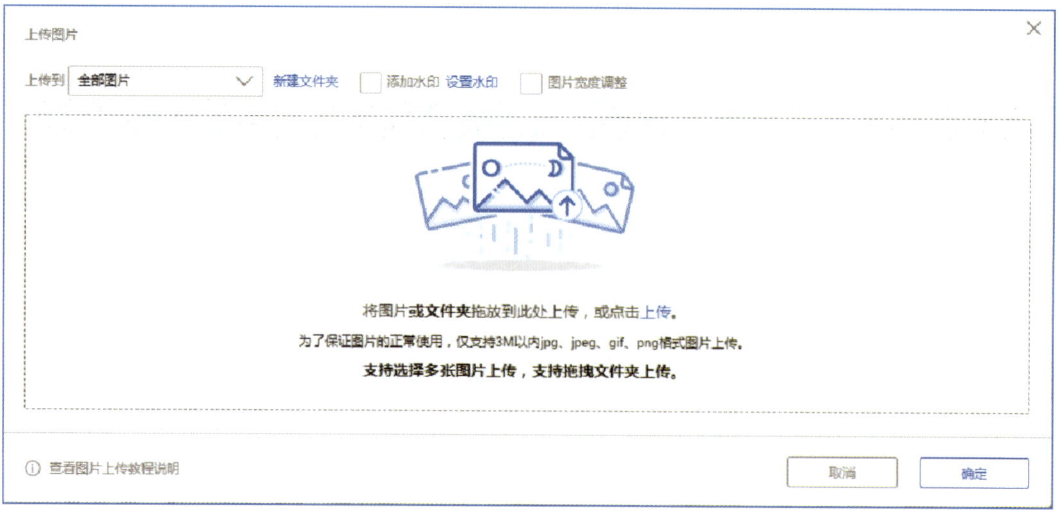

图 3－42　上传图片窗口

（3）图片上传后效果如图 3－43 所示。

图 3-43　图片上传后效果

流程计划

通过对任务的分析及主图上传知识的学习，制订主图上传计划如下：

上传主图到素材中心
↓
发布商品
↓
添加电脑端商品图片
↓
提交商品信息

设计决策

一、主图上传到素材中心

将任务二制作好的五张茶花随手杯主图上传到素材中心。

二、发布商品

根据发布商品的步骤完成茶花随手杯商品的发布。

任务实施

（1）将 5 张茶花随手杯主图上传到素材中心的茶花随手杯主图文件夹里，如图 3-44 所示。

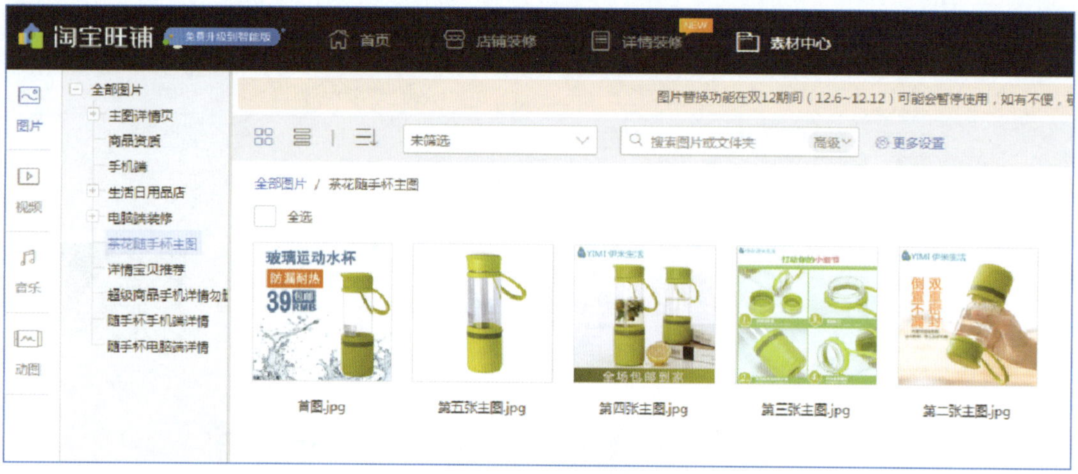

图 3－44　将主图上传到素材中心

（2）登录淘宝网，进入千牛卖家工作台，点击左边“宝贝管理”中的“发布宝贝”，如图 3－45 所示。

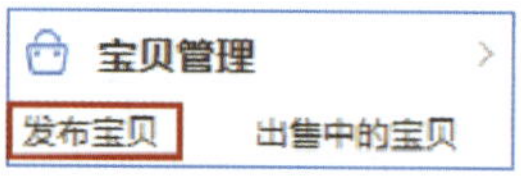

图 3－45　“发布宝贝”按钮

（3）商品类目默认发布的是“一口价”，也可以选择“拍卖”或“租赁”，但这两项的商品不是全新的。如果商品是全新的，直接选择类目或“发布相似品”就可以了。想快速找到要发布的商品类目，可以在类目搜索栏里面输入关键词，如“水杯”，系统自动匹配 10 个类目供选择，只要找到与自己的商品最接近的那个就可以了。选择好后，点击“下一步，发布商品”，如图 3－46 所示。

图 3－46　类目搜索

（4）填写商品基本信息，如图 3－47 所示。选择的类目不一样，信息选项也不一样，根据商品来填写，注意一定要真实，这样才能让目标客户找到。

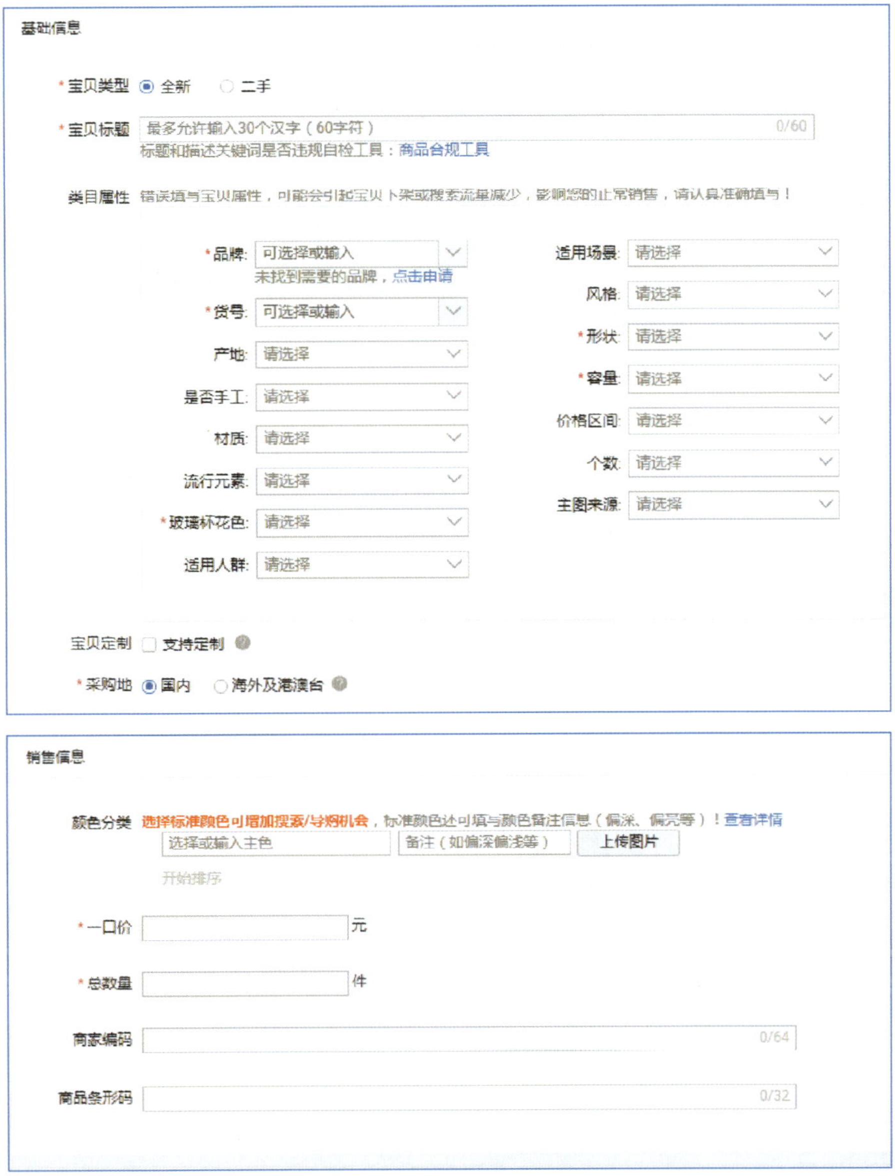

图 3－47　商品基本信息

（5）在图文描述的“电脑端宝贝图”中，点“+”号按顺序添加 5 张茶花随手杯商品主图，如图 3－48 所示。

（6）点击“提交宝贝信息”完成商品的发布，发布主图后效果如图 3－49 所示。

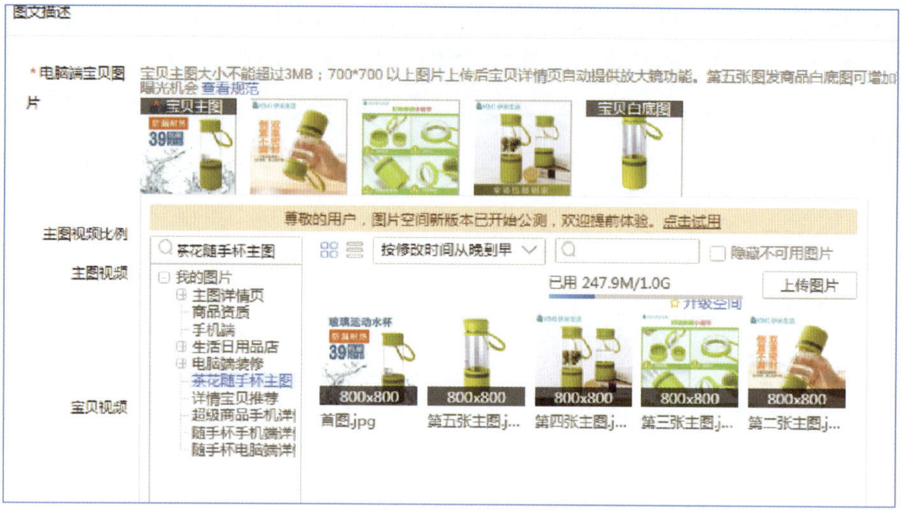

图 3－48　按顺序添加主图

图 3－49　发布主图后效果

同步实训

任务名称	小家电主图上传
任务要求	将上一任务设计好的 5 张小家电主图上传到淘宝店铺中
操作步骤	1. 将 5 张小家电主图上传到素材中心 2. 发布商品 3. 在主图位置添加素材中心的主图 4. 提交商品信息

实训笔记

记录学习过程和任务实施中的重要知识点、所需的学习应用资源，以及老师指导任务时提出的要点。

知识要点 / 学习问题	知识点的具体解释 / 学习应用资源 / 老师指导任务要点
1.	
2.	
3.	

情境考核

考核任务：主图设计

一、考核目的	
	了解主图的制作设计方法及步骤，为“三年二班”文体店设计圆珠笔主图
二、考核准备	
1. 组队：以小组为单位，3～4 人一组，并选出一名组长，分配好组员的工作 2. 素材：圆珠笔图片若干，见情境考核素材	
三、考核任务	
请从主图主题、背景、配色、字体、版面布局等方面入手为“三年二班”文体店的圆珠笔设计商品主图，设计规格为 800 × 800 px	
四、任务步骤	
1. 选择 5 张图片 2. 对图片进行裁剪美化 3. 在 5 张图片中选取 1 张作为首图，其他 4 张作为辅助的主图 4. 提炼商品的利益点和卖点，收集主图素材 5. 确定字体、配色方案 6. 版面构图设计 7. 用 Photoshop 制作首图和 4 张辅助的主图 8. 将 5 张主图上传到店铺中	

续表

五、任务实施

1. 5 张主图图片

2. 美化后的主图图片

3. 主图的利益点和卖点
4. 主图的素材
5. 确定字体
6. 确定配色

主色	
辅助色	

7. 主图版面设计

8. 用 Photoshop 制作
9. 添加主图到店铺

续表

六、考核评价						
评价项目	评价指标	分数	评价说明	自我评分	小组评分	教师评分
作品评价（50 分）	主图的选择与美化	10 分	简明扼要说明重点要素，令人产生购买欲望，能抓住商品卖点，吸引买家眼球			
	版面设计	10 分	主题醒目，有突出重点的主题位置和空间，空间布局新颖，能够吸引受众的注意力			
	色彩应用	10 分	色彩应用符合主题的视觉识别要求			
	制作技术	10 分	文件尺寸符合店铺需要，图像制作精美，在制作过程中软件运用熟练			
	主图创意	10 分	构思巧妙，能激发想象力			
完成态度（30 分）	职业技能	10 分	设计符合店铺需求，能够拓展相关知识，并通过多种形式加以展示			
	工作态度	10 分	态度端正，工作积极认真			
	完成效率	10 分	能在规定时间内按质按量地完成分配的任务			
团队合作（20 分）	沟通分析	10 分	能主动提出问题，快捷有效地明确设计意图和需求			
	团队配合	10 分	能与相关同学良好协作，共同完成工作			
计分						
总分（按自我评分 20%、小组评分 30%、教师评分 50% 计算）						
七、学习心得						

拓展训练

通过对本情境的学习，请你从主图主题、背景、配色、字体、版面布局等方面入手为自己的店铺设计商品主图。

学习情境四 引起购买欲的详情页

在网店装修中，无论是新手卖家还是老卖家，都知道商品详情页的重要性。相信没有一个消费者在购买商品时，不了解商品详情就直接购买。一个好的商品详情页能突出店铺商品卖点，营造良好的购物体验，激起顾客的购买欲，打消顾客顾虑，促使其下单购买，从而提升转化率和减轻客服的工作量。那么，什么样的商品详情页才更吸引目标客户呢？

学习目标

- 了解商品详情页的基础理论知识
- 掌握商品详情页的设计流程
- 掌握商品详情页的上传方法

情境导入

因新品上新的需要，设计部主管陈明发出如下所示的任务单，要求制作茶花随手杯的详情页。通过对任务单的分析，可以分成详情页布局策划、详情页设计、详情页上传，手机详情页设计 4 个子任务。

<table>
<tr><td rowspan="2">任务指派人</td><td rowspan="2">陈明</td><td>发出日期</td><td></td></tr>
<tr><td>完成日期 / 时间</td><td></td></tr>
<tr><td>任务名称</td><td colspan="3">茶花随手杯的详情页制作</td></tr>
</table>

续表

任务用途	首页 □	主题独立页 □	官方承接页 □
	主图 □	直通车图 □	钻展图 □
	详情基础优化 ☑	详情深度优化 □	
	官方引流图 □	主题广告图 □	新品上新 ☑
	常规活动营销策划 □	主题活动策划 □	大型活动策划 □
	商品运营策划 □		
	其他：		
任务要求	上新品，为茶花随手杯制作一张详情页，具体要求如下： 1. 突出产品卖点 2. 排版合理，主次分明 3. 作品风格要根据目标顾客群体制定，必须原创 4. 必须是彩色原稿，能以不同的比例尺寸清晰显示 		
风格偏好	□普通简洁，中规中矩 □古典文化，怀旧经典 □热烈奔放，充满情趣	☑ 大气简约，商业气息浓 □年轻时尚，青春活力，另类 □其他：________	
制作规范	宽 750 px，高度 3 000 px 以上，jpg 格式		
自我检查	确认签名：		
组长检查	确认签名：		
验收人	确认签名：		

任务一 详情页策划

课前导学

一、观看微课，熟悉实训任务和相关知识点，提出疑问
我的疑问：

二、搜索水杯、水瓶相关的详情页，比较分析，思考详情页的构成与布局
我的观点：

知识探究

一、电脑端详情描述的规范

在发布商品时，淘宝网对电脑端商品描述规范见表 4－1。

表 4－1　电脑端商品描述规范

图片尺寸	宽度：750 px（淘宝个人店），790 px（天猫店） 高度：未限制（不建议太长）
单张图片大小	不大于 3 MB
图片格式	支持 jpg、jpeg、gif、png 格式
文字字数	不多于 25 000 字
源代码	不多于 200 000 字符

如果详情页屏数过多，图片质量过高，会导致顾客打开页面卡顿，让其产生厌烦感，增加顾客的跳失率。因此，对于电脑端来讲，优秀详情页屏数应为 20 屏，一屏的高度大约等于 800 px（屏是指淘宝网用户的平均浏览器大小），也就是优秀详情页高度约为 16 000 px，其中详情描述约占 10 000 px。

二、详情描述的主要模块

详情页描述的主要模块

详情描述的主要模块如下：

1. 关联营销

关联营销是指在一个商品详情页里放入另外一款到几款其他商品的促销信息、搭配推荐或店铺优惠信息等。关联营销可以提升商品曝光率、浏览量、成交率、客单价，也可影响未能产生购买行为的买家，有效降低买家的跳失率。关联营销主要包含以下三个部分：

（1）热销产品推荐，描述中可以推荐几款店铺中热卖的性价比高的单品，以 3 ～ 4 款为宜，不宜过多，如图 4－1 所示。即使顾客对浏览的商品不满意，也可以选择其他商品，降低顾客跳失率。

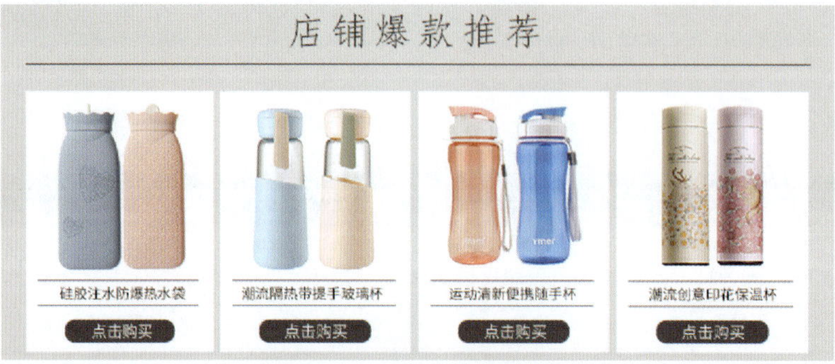

图 4－1　热销产品推荐

（2）店铺促销活动，如收藏店铺返优惠券、抽奖活动、打折活动、满减活动等，如图 4－2 所示。

图 4－2　店铺促销活动

（3）搭配推荐，可以放搭配套餐、同款推荐、穿搭建议等，如图 4－3 所示。

图 4－3　某水杯的搭配推荐

2. 商品焦点图

商品焦点图主要以海报形式展示品牌与产品特色的意境、热销盛况、产品升级、买家痛点、商品促销信息，能够引发顾客的购买冲动，如图 4－4 所示。

3. 使用场景图

使用场景图就是商品的使用场景、使用效果的展示，让买家了解商品有什么用处、是否适合自己，如图 4－5 所示。

4. 商品实拍图

商品实拍图以突出商品为主，通过简单的背景对商品多角度进行摆拍展示，通常正面图、反面图、侧面图至少各一张，比较适合家居、数码、鞋、包等小件物品。如果商品有多个颜色时，以主推颜色为主，其他颜色为辅，少量展示，保持整体风格统一。如图 4－6 所示。

图 4－4　某水杯焦点图

图 4－5　某水杯使用场景图

图 4－6　某水杯实拍图

5. 商品基本信息

商品基本信息又称宝贝规格参数，主要包含型号、品牌名、产地、颜色、材质、规格、重量等。不同类目的商品，有不同的基本信息，但必须放顾客关注的内容，才能有效地减轻客服工作量。如图 4－7 所示。

产品型号：JNL-502 ALB/CP/PRW/SBR/SKY
JNL-352 ALB/CP/PRW/SBR/SKY
产品颜色：
产品容量：500ml/350ml
保温效力：68°C以上（6小时）(JNL-502)　保冷效力：10度以下（6小时）
保温效力：63°C以上（6小时）(JNL-352)
产品产地：中国江苏
产品材料：SUS奥氏体不锈钢，食品级PP，硅胶

图 4－7　某水杯基本信息

6. 商品细节图

商品细节图是放大商品某处细节，展示其卖点，通过细节实拍图和简短的文字，清晰、富有质感地展示商品的材质、图案、做工、功能等各细小部分。好的细节展示能使买家直观感受到商品，从而提高转化率，如图 4－8 所示。

7. 同类商品对比图

以贬低别人商品来提升自己商品的 PK 方式属于违规操作，所以我们可以以升级商品的方式，与自己店铺的普通商品进行对比，或采用材质及技术的对比，强化商品卖点，证明自己的商品优势，如图 4－9 所示。

8. 买家反馈信息

买家反馈信息包括商品好评的相关截图、网红的使用体验和买家秀展示。虽然很多时候买家会更愿意自己去看评价，但如果你把买家的评论、买家秀直接放详情页，就能让买家更方便地获取重要信息，如图 4－10、图 4－11 所示。

图 4－8　某水杯细节图

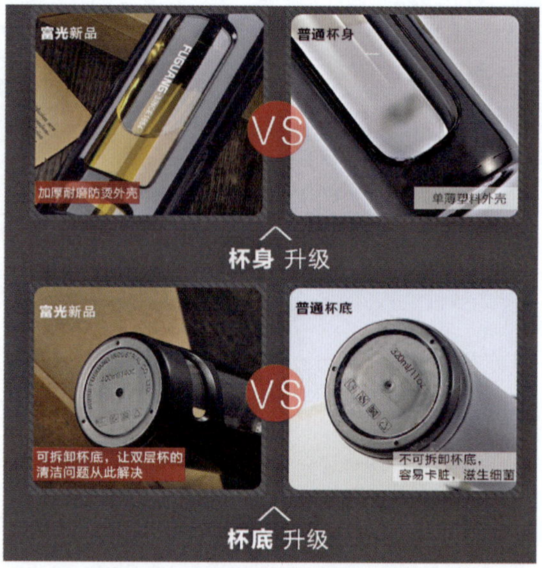

图 4－9　某水杯同类商品对比图

图 4－10　某水杯的好评截图

图 4－11　某水杯的买家秀

9. 品牌说明

品牌说明是通过一系列的理念、品牌介绍、资质证书，让买家觉得品牌质量可靠，烘托出品牌实力。

品牌说明模块主要由以下 3 部分组成：

（1）品牌介绍，主要包含“品牌优势”“荣获的奖项”“品牌故事”等内容，如图 4－12 所示。

（2）媒体推荐，指第三方的态度词，如名人推荐、网红推荐、媒体广告的介绍，如

图 4－13 所示。

品牌故事
年富光 品质保障
企业文化
富光实业集研发、设计、制造及销售于一体,，基础设施完善，技术力量雄厚。拥有国内最先进的注塑设备260多套 工程技术人员200多名 拥有自己的一流设计团队，通过规范的内部管理，稳定的产品质量，健全的营销网络，富光实业和“富光”品牌产品获得了顾客、经销商、业界和社会各界的一致认可，富光以大众化的价格，优质的产品以及诚信的服务确定了品牌形象
富光拥有百余项专利技术
品牌理念
富光实业始终坚持以“一流的质量，优质的服务”为市场准则，坚持以“顾客满意至上”的营销理念积极引导饮水杯消费潮流，最大限度地满足多样化、追求高质量产品的市场需求，扩大和完善营销网络，更好地树立“富光”的品牌形象，成为口杯行业的销售典范

图 4－12　某水杯的品牌介绍

舌尖播出后，我们家的切糕备受关注。
舌尖美味
味道香甜软糯，余味无穷，王子掌控成就此刻美味。

图 4－13　某切糕的媒体推荐

（3）资质证书，是运用权威认证来打消买家的顾虑，如图 4－14 所示。

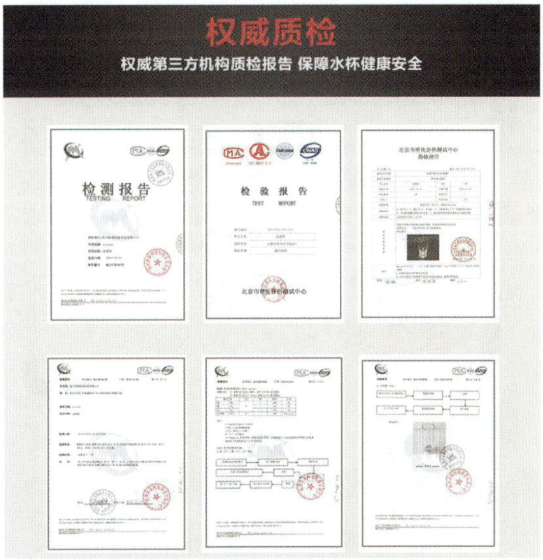
权威质检
权威第三方机构质检报告 保障水杯健康安全
检测报告
检验报告

图 4－14　某水杯的资质证书

10. 包装展示

展示精细、精美、严密的包装，不仅体现卖家的诚意，保证商品在运输途中不受损

坏，还体现了店铺的品牌文化，如图 4-15 所示。

精美礼盒+手提袋
送礼自用倍有面
LOVE
BABY
I'm with
YOU
ON THE SPACE
jad

图 4-15　某水杯的包装展示

11. 使用说明

使用说明也称温馨提示、注意事项、常见问题等，包括商品的使用方法、安装方法、保养维护等信息，如图 4-16 所示。

给您支3招
新杯巧去味
THE NEW CUP HAPPENS TO TASTE
1-STEP
牛奶去味法：
先用洗洁剂清洗干净，然后往杯中倒入两汤钥匙鲜牛奶，盖上盖子，摇晃，使杯中每一角角落跟牛奶接触，约一分钟，最后倒掉牛奶，将杯子清洗干净。
2-STEP
橘子皮去味法：
先用洗洁剂清洗干净，然后将新鲜橘子皮放入中，盖上盖子，放约3到4个小时涮干净即可。
3-STEP
茶叶去味法：
先用洗洁剂清洗干净，用茶叶水放入中，盖上盖子，放约半个小时涮干净即可。

图 4-16　某水杯的使用说明

12. 购物须知

购物须知也称物流问题、售后问题等，包括邮费、发货、退换货等信息的说明。这部分内容表述具体可以有效减轻客服的工作量，如图 4－17 所示。如果商品存在物流问题，比如易碎或可能液体泄漏等，还需提前在此提醒买家，以免收到货物后给店铺带来不好的评分。

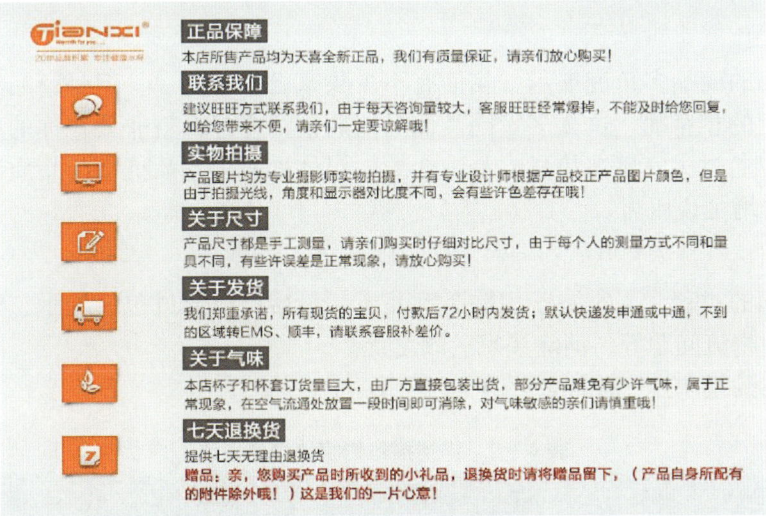
正品保障
本店所售产品均为天喜全新正品，我们有质量保证，请亲们放心购买！
联系我们
建议旺旺方式联系我们，由于每天咨询量较大，客服旺旺经常爆掉，不能及时给您回复，如给您带来不便，请亲们一定要谅解哦！
实物拍摄
产品图片均为专业摄影师实物拍摄，并有专业设计师根据产品校正产品图片颜色，但是由于拍摄光线，角度和显示器对比度不同，会有些许色差存在哦！
关于尺寸
产品尺寸都是手工测量，请亲们购买时仔细对比尺寸，由于每个人的测量方式不同和量具不同，有些许误差是正常现象，请放心购买！
关于发货
我们郑重承诺，所有现货的宝贝，付款后72小时内发货；默认快递发申通或中通，不到的区域转EMS、顺丰，请联系客服补差价。
关于气味
本店杯子和杯套订货量巨大，由厂方直接包装出货，部分产品难免有少许气味，属于正常现象，在空气流通处放置一段时间即可消除，对气味敏感的亲们请慎重哦！
七天退换货
提供七天无理由退换货
赠品：亲，您购买产品时所收到的小礼品，退换货时请将赠品留下，（产品自身所配有的附件除外哦！）这是我们的一片心意！

图 4－17　某水杯的购物须知

以上 12 个模块并不是固定模块，可根据具体商品类型和店铺需要来添加。

三、详情描述的模块排序

相关调查显示，仅有 20% 的买家会在详情页停留 2 分钟以上，因此模块的排序会直接影响买家的跳失率与转化率。由于买家不能真实体验到商品，所以好的详情页的主要作用就是打消买家顾虑。应从买家角度出发，根据其消费心理与浏览习惯，找出其最关注的几个点，并不断强化，主次分明地对各个模块进行排序，而不是随意堆砌。比如女装类商品详情页，模特图、实拍图是重点；而美妆类详情页，功效介绍更为重要。

详情页描述的模块排序

那么如何通过模块的合理排序，一步步地引导买家进行购买活动呢？

1. 第一步：引发兴趣

电商界有“3 秒原则”的说法，就是买家在进入详情页后 3 秒内就可以决定是否喜欢该宝贝，必须在这 3 秒内引起买家的兴趣。因此详情描述的开头应该是视觉的焦点，可以放一些能够展示品牌以及商品特色的意境图、热销盛况、产品升级、买家痛点、促销信息等，第一时间引发买家兴趣。

2. 第二步：激发需求

根据“前 3 屏原则”(即前 3 屏决定买家是否想购买商品)，必须利用详情页的前 3 屏激发买家的潜在购买需求。建议放一些商品使用场景图、使用效果图等，引发买家购买欲望。

3. 第三步：产生信任

通过商品的使用场景展示，激发买家潜在需求，在买家对商品产生感性认识后，接下来就要考虑理性部分了。买家要细看商品质量好不好，功能全不全，是否适合自己。所以可以通过商品静物摆拍图、细节图、功能展示、参数展示，全面展示各个细节，着重突出商品卖点，逐步获取买家信任。

4. 第四步：信赖到占有

通过前面的商品多角度展示，相信有不少买家已经心动了，但是商品的实际情况是否与卖家介绍的相符呢？这么多卖同类商品的店铺，为什么就非要在你的店铺买呢？所以接下来可以通过买家反馈信息、品牌介绍、媒体推荐、正品证书、品质证书等，展示口碑与实力，增加说服力。

5. 第五步：打消顾虑成交

经过上面的过程，买家终于想购买商品了。最后可以通过包装展示、使用说明、售后保障服务、物流问题等，消除买家后顾之忧。

详情描述的模块排序建议如表 4 - 2 所示。

表 4 - 2　详情描述的模块排序建议

成交五部曲	详情描述的模块
引发兴趣	焦点图
激发需求	使用场景图
产生信任	商品实拍图
	商品基本信息
	商品细节图
	同类商品对比图
信赖到占有	买家反馈信息
	品牌说明
打消顾虑成交	包装展示
	使用说明
	购买须知

很多卖家都对关联营销要放的位置有疑问。一般来讲，我们把关联分为上关联和下关联。上关联就是放在详情描述的前方，下关联就是放在详情描述的下方。对于销售量较高的商品，建议把关联放在下方，这样可以让顾客购买更多的商品，增加客单价；而对于销售量低的商品或新品，建议把关联放在前方，这样即使买家不想买这款商品，还可以选择其他商品，减少跳失率。同时，店铺促销活动和优惠券建议放详情描述前方，来引起买家的购买冲动。

流程计划

通过对任务的分析及详情描述主要模块的学习，制订以下计划：

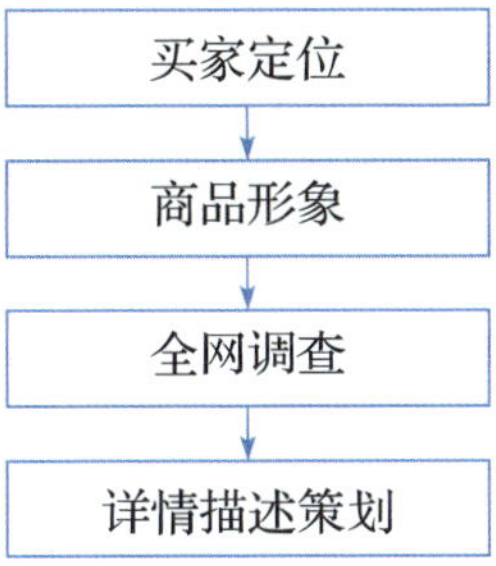

设计决策

一、买家定位

每种商品都有相对应的消费人群，而每个消费人群都有其特征，如：性别、年龄、消费能力、职业特征等。

本任务是为新品茶花随手杯设计详情页。首先可以进入生意参谋的“客群画像”，查看商品所在行业的热门消费人群特质，如图 4－18 所示。不过这项功能是需要付费的，如果不想付费也可以通过百度指数、搜狗指数等进行免费分析。

图 4－18　客群画像

进入百度指数中的人群画像查询搜索随手杯的地域分布（见图4－19）、人群属性和兴趣分布（见图4－20），结合茶花随手杯的实际情况，分析搜索随手杯的人群所在地区、性别、年龄、兴趣等特点，定位消费人群。

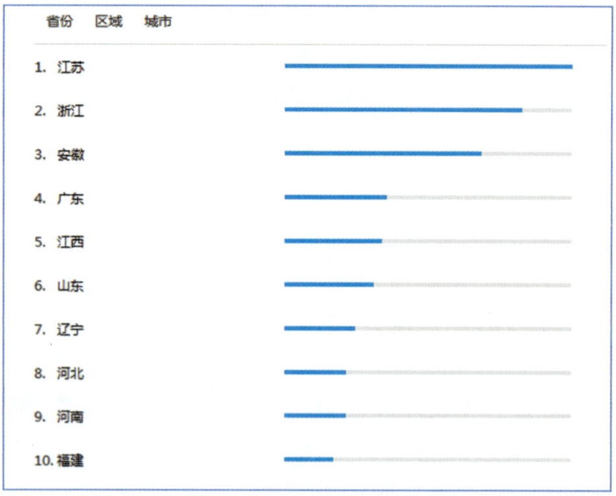

图4－19　搜索随手杯的地域分布

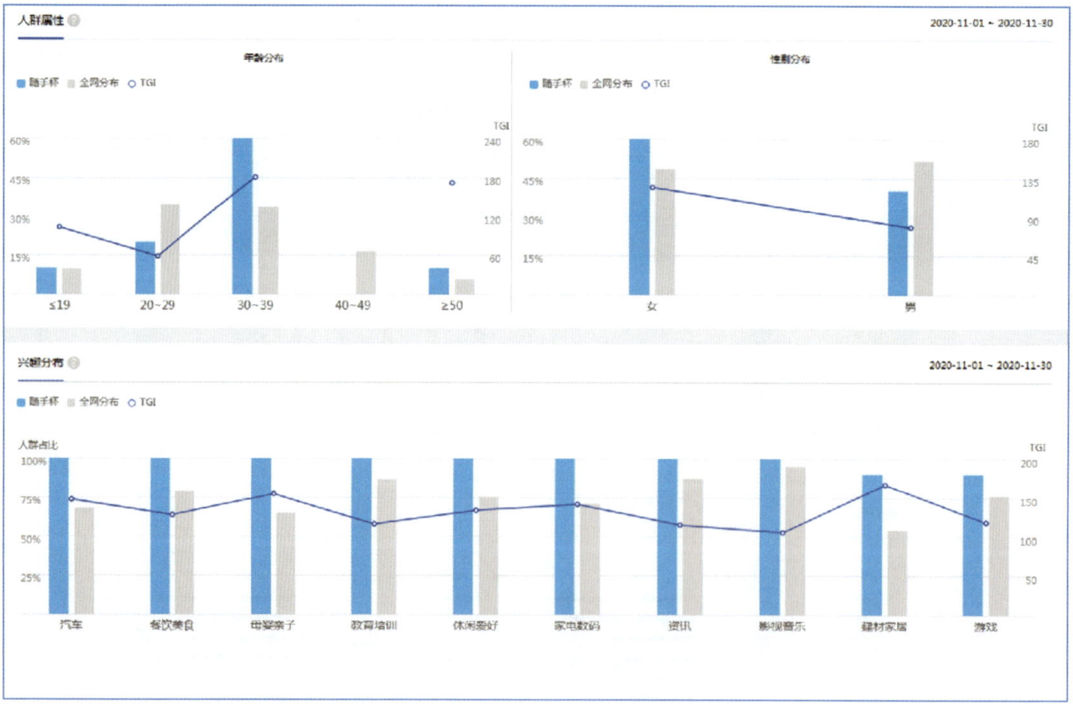

图4－20　搜索随手杯的人群属性和兴趣分布

通过百度指数，推算出随手杯的消费人群，整理出顾客群肖像表（见表4－3）。

表 4－3　顾客群肖像表

地域	性别	年龄	兴趣
江苏、浙江等沿海地区为主	女性较多	30 ～ 39 岁	汽车、母婴亲子、家电数码、建材家居
身份推测	沿海地区爱户外活动、爱生活、爱新事物的青年女性		

二、商品形象

商品的外观、包装、功能、使用方法、作用等，都会影响详情描述的风格策划。这款茶花随手杯外观偏向清新、运动感，以柠檬绿为主色，设计简约时尚。

三、全网调查

所谓“知己知彼，百战不殆”，我们可以通过分析全网销量最多的几款随手杯的详情页，看看其定位、文案和风格等，然后做出相应的调整。

四、详情描述策划

通过以上操作，最后的详情描述策划如表 4－4 所示。

表 4－4　详情描述策划

风格	大气、清新、自然简约的风格；色调采用明朗柔和、清新环保的颜色；排版风格采用简约版式
布局	1. 关联营销：热卖爆款推荐 2. 引发兴趣：商品氛围焦点图，体现随手杯的核心卖点 3. 激发需求：随手杯的使用场景图，围绕商品优势 4. 产生信任：随手杯的商品实拍图、商品基本信息、商品细节图，着重强调随手杯的细节卖点提炼 5. 信赖到占有：茶花的品牌介绍、资质证书 6. 打消顾虑成交：随手杯包装展示、使用说明、购买须知

任务实施

（1）打开 Word，新建文档，文件名为“茶花随手杯详情策划书”。

（2）打开文档结构图，如图 4－21 所示。给策划书设置文档结构图，如图 4－22 所示。

图 4－21　打开文档结构图

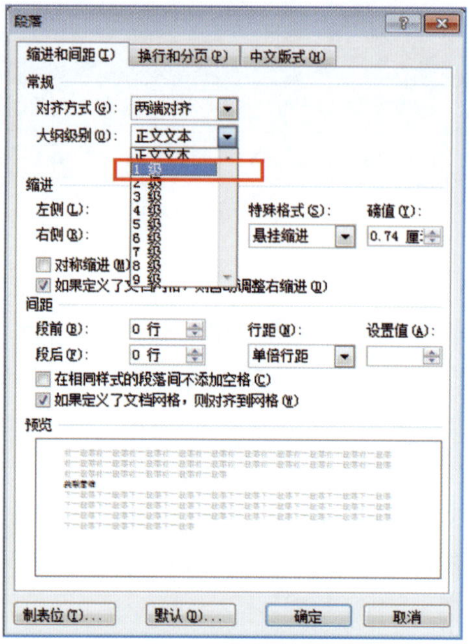

图 4－22　设置文档结构图

（3）根据布局策划，完成详情页具体策划内容，如图 4－23 所示。

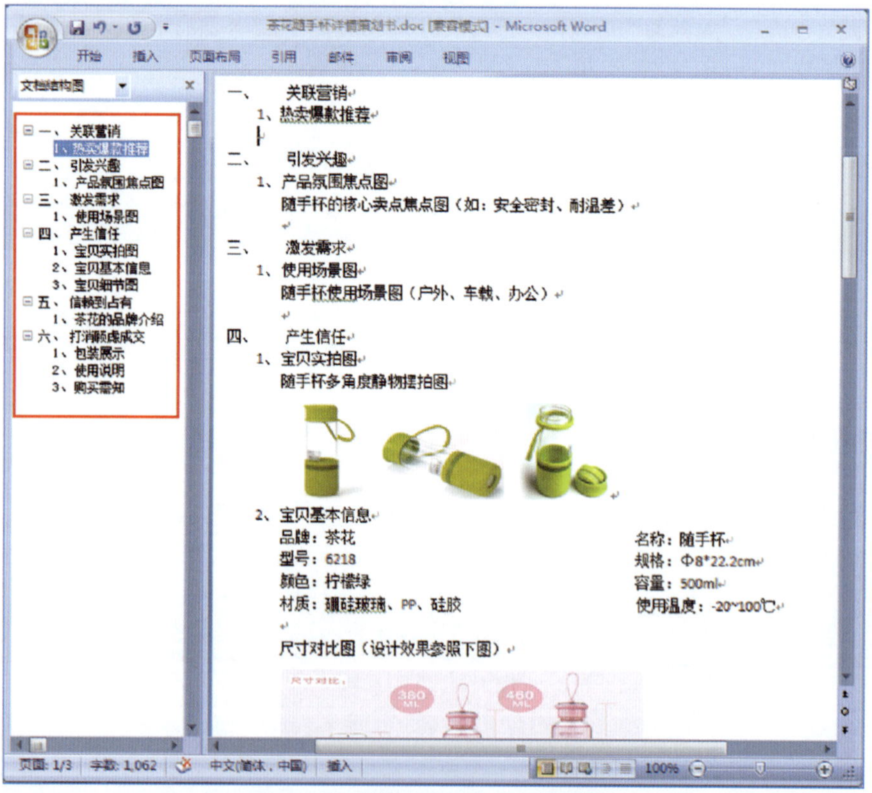

图 4－23　茶花随手杯的详情策划书

（4）保存文档。

同步实训

<table>
<tr><td>任务名称</td><td colspan="5">小家电详情描述策划</td></tr>
<tr><td>任务要求</td><td colspan="5">小熊电器旗舰店需要上新一款小熊蒸煮饭盒，请你根据商品资料，用 Excel 完成该商品的详情描述策划</td></tr>
<tr><td>商品资料</td><td colspan="5">品牌名称：Bear/ 小熊
产品名称：蒸煮饭盒
型号：DFH-S2116
功能：真空保鲜 蒸煮 加热
颜色分类：紫色
内胆材质：不锈钢
层数：2 层
原价：199 元
促销价：99 元
活动时间：5 月 1 日到 5 月 3 日
</td></tr>
<tr><td colspan="6">顾客群肖像表</td></tr>
<tr><td rowspan="2">基础信息</td><td>地域</td><td>性别</td><td>年龄</td><td>爱好</td><td>商品属性</td></tr>
<tr><td></td><td></td><td></td><td></td><td></td></tr>
<tr><td>身份推测</td><td colspan="5"></td></tr>
<tr><td>商品形象</td><td colspan="5"></td></tr>
<tr><td>详情描述风格</td><td colspan="5"></td></tr>
<tr><td>详情描述布局</td><td colspan="5"></td></tr>
</table>

实训笔记

记录学习过程和任务实施中的重要知识点、所需要的学习应用资源，以及老师指导任务时提出的要点。

知识要点 / 学习问题	知识点的具体解释 / 学习应用资源 / 老师指导任务要点
1.	
2.	
3.	

任务二 详情页设计

课前导学

一、观看微课，熟悉实训任务和相关知识点，提出疑问
我的疑问：
二、搜索水杯、水瓶相关的详情页，分析其详情页文案，选出你最想购买的 3 款，并说明你想购买原因
我的观点：

知识探究

一、详情页的文案设计

详情页的文案设计

好的商品描述能够影响买家的跳失率、点击率、浏览量等，而好的详情页文案可以抓住买家的心，让其立刻了解商品的核心优势。虽然不同商品、不同品牌的描述不一样，但是思维与技巧基本是一致的。

1. 分析商品属性，提炼核心卖点

分析商品的属性与价值，思考你的商品有什么功能，能给买家带来什么利益，然后把利益最小化、最精细化，用简洁的文字直接展现给买家，让买家更加了解商品（见图 4－24）。

2. 分析买家购买理由，提炼买家痛点

分析买家为什么要购买商品，买了之后能获得什么利益，可以解决什么问题等，将商品定位到使用场景，直击买家痛点（见图 4－25），营造紧张感，加深买家认同感，激发消费欲望。

健康是我给你的承诺
01
食品级304不锈钢，抗菌防腐
内胆壁采用高纯钡纳米涂层，无毒无害更安全
02
24小时长效保温保冷
超微波内胆镀铜，减少热传导，牢牢锁住
03
不掉漆的保温杯
采用进口全自动点喷技术，附着力更强
04
采用激光焊接技术
无缝焊接，实现外壳一体化

图 4－24　某水杯的核心卖点

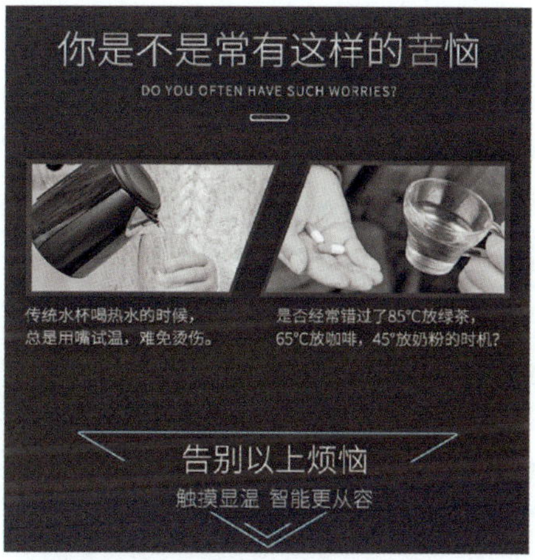
你是不是常有这样的苦恼
DO YOU OFTEN HAVE SUCH WORRIES?
传统水杯喝热水的时候，
总是用嘴试温，难免烫伤。
是否经常错过了85°C放绿茶，
65°C放咖啡，45°放奶粉的时机？
告别以上烦恼
触摸显温 智能更从容

图 4－25　某水杯的买家痛点

3. 分析行业趋势，提炼商品优势

对比分析竞争对手的详情页文案，找出自身商品优势，并把挖掘到的优势进行放大、精炼，吸引买家（见图 4－26）。

4. 分析商品附加价值，提炼商品故事

通过故事渲染，调动买家情绪，引起买家情感共鸣，为产品增添附加价值（见图 4－27）。

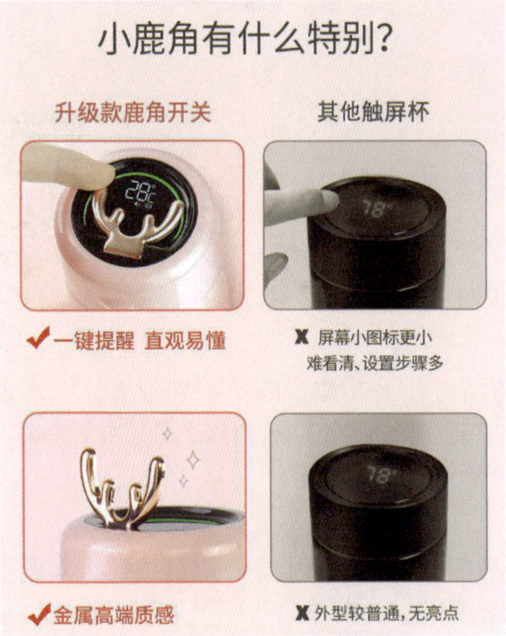
小鹿角有什么特别?
升级款鹿角开关
其他触屏杯
✔一键提醒 直观易懂
✘ 屏幕小图标更小
难看清、设置步骤多
✔金属高端质感
✘ 外型较普通，无亮点

图 4－26　某水杯的产品优势

余生有你 一“鹿”相伴
鹿代表可爱、美丽和吉祥
还带有解压的森系元素
提醒智能水杯+鹿
寓意“知冷知热的关怀”
“一辈子，一“鹿”相伴、一路有你！”
送恋人
表达情意
送太太
余生有你
送好友
一路相伴

图 4－27　某水杯的产品故事

5. 分析潮流走势，提炼品牌形象

如果你的产品有明星款、网红款、代言人，可以突出其品牌形象制作文案，引起名人效应。

除了以上 5 个详情页文案设计技巧外，我们还可以借助淘宝网新推出的智能文案功能，通过阿里妈妈自然语言算法，一键生成电商营销文案（见图 4－28）。

智能设计工作台
一键生成电商营销文案
生成文案
秒变风度型男
双层设计，
使用更加方便。
杯子设计，
使用更加方便。
双层设计，
密封性能良好。
玻璃材质杯身，
手感舒适。
透明玻璃材质，
晶莹剔透。

图 4－28　智能文案

随着新广告法的启用，文案设计时还要注意避免极限词的使用，如产品文案中不允许使用“最高级”“唯一性”等绝对化的语言或表示用语，否则平台将对违规商品进行扣分下架处理。我们可以借助商品极限词查询工具，方便快捷地找出文案中的违禁词，如疯狂的美工极限词查询网站（见图 4－29）。

图 4－29　商品极限词查询工具

二、详情页的视觉设计

详情页的视觉设计

商品详情页的视觉设计风格有很多种类型，那么什么样的商品适合什么样的视觉设计？不同的视觉设计有着不同的视觉营销点，运用得好，可以更好地展示商品，大大提高店铺的转化率。

1. 极致简约风

设计特点：简约化、扁平化、轻量化，颜色、字体不宜过多，画面要大量留白。

设计意义：杂乱复杂的特效风格会使买家视觉疲劳，影响商品本身的展示。极致简约风可以突出商品信息和重点，加强品牌质感。

常用类目：数码产品、电器、家居、服装、美妆等。以苹果、小米为突出代表（见图 4－30）。

2. 多色轮润感渐变风

设计特点：采用多种高饱和度颜色对比渐变，通常搭配圆润的形状，呈现出润泽透光的质感。

设计意义：多色轮的渐变设计能刺激买家视觉神经，增加画面层次感、空间感。通透温润的质感，能与商品更好地融合，更贴近买家。

常用类目：食品、电器、数码产品、服饰等（见图 4－31）。

图 4－30　极致简约风

图 4－31　多色轮润感渐变风

3. 创意合成风

设计特点：通过创意素材的融合、光影透视的绘制、商品修图、整体调色等，为商品制造一个炫酷有创意的场景。但要注意，其关键点在于用技术去衬托商品，而非喧宾夺主。

设计意义：通过创意又炫酷的场景，吸引买家眼球，使买家有场景代入感。

常用类目：食品、家装、家电、母婴、化妆品等大品类（见图 4－32）。

4. C4D 风

设计特点：三维效果，炫酷视觉，表现力强。通过 C4D 建模渲染实现 Photoshop 修图达不到的效果，但是缺点是耗时太长。

设计意义：C4D 是近几年热度非常高的设计风格，三维的效果使画面更加饱满、更有冲击力，增加画面的质感和深度，可迅速在买家的脑海中形成商品的立体效果。

常用类目：数码产品、电器、化妆品等（见图 4－33）。

5. 插画风

设计特点：新颖有趣，轻松简单，一般为手绘插画或 AI 设计的简易化插画，对设计师要求较高。

设计意义：插画应用一直非常广泛，能给人留下较深的印象，达到拉近买家距离、快速带买家进入主题、增强品牌感等效果，特别适用于商品使用场景的气氛渲染。

图 4－32　创意合成风

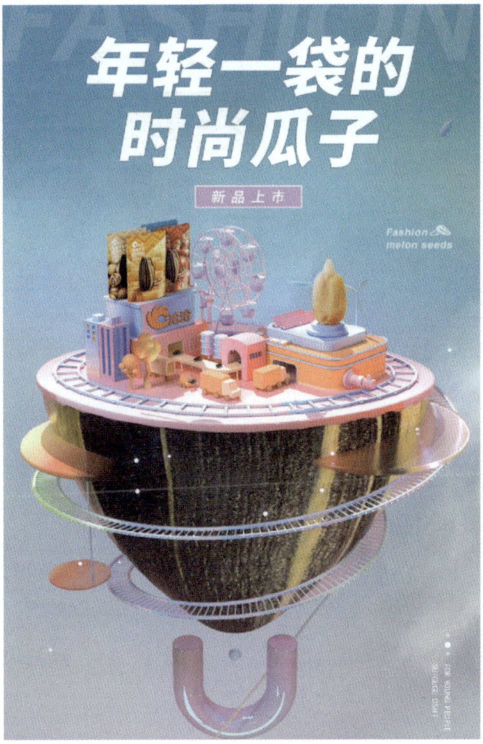

图 4－33　C4D 风

常用类目：食品、美妆护肤、首饰、家居、小工艺品等（见图 4－34），以三只松鼠为突出代表。

6. 复古风

设计特点：低饱和度色调、斑驳的纹理、怀旧的字体、细节上采用拼音装饰、使用大量的历史代表性装饰元素等，烘托商品的调性，以及传统文化的厚重感。

设计意义：国潮风、复古风设计既能引起老一辈买家的情感共鸣，也是现今年轻买家追捧的时尚。

常用类目：中国传统文化相关商品，国潮风商品（化妆品、运动用品）等，以李宁、花西子为突出代表（见图 4－35）。

7. 新视觉混搭风

设计特点：炫目夸张的高饱和度色彩，经常使用波点、线条等几何元素。各种风格混搭，比如波普、孟菲斯、蒸汽波、故障艺术、杂志风、拼贴风等。

设计意义：突破传统，具有新奇性、多元性和无限可能性，视觉感强，能带给买家极大的视觉震撼。

常用类目：服饰、运动用品、化妆品、儿童用品、食品等儿童、青年用品的类目（见图 4－36）。

图 4－34　插画风

图 4－35　复古风

图 4－36　新视觉混搭风

流程计划

通过对任务的分析及详情页设计的学习，制订以下计划：

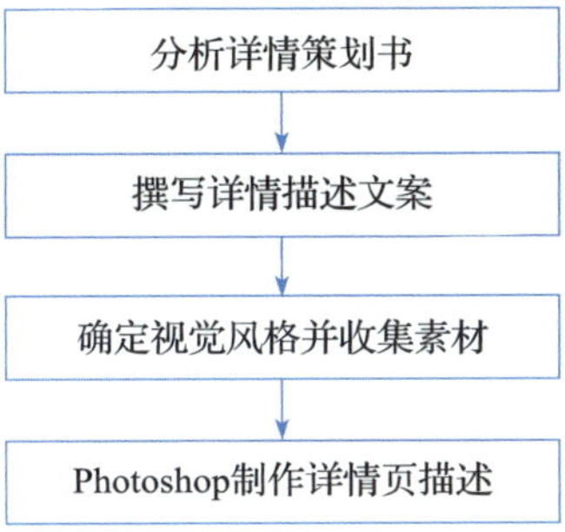

设计决策

一、分析详情策划书

根据策划人员给的策划书得知：

（1）茶花随手杯消费人群的特征：沿海地区爱运动、爱生活、爱新事物的青年女性。

（2）茶花随手杯的特征：颜色为柠檬绿色，设计简约时尚、清新动感。

二、撰写详情描述文案

通过分析购买理由提炼买家痛点，撰写随手杯的焦点图文案；分析商品属性提炼核心卖点，撰写随手杯的细节图文案；分析行业趋势提炼商品优势；分析商品附加价值提炼商品故事，撰写随手杯的使用场景图文案。详见表4－5。

表4－5　茶花随手杯详情描述文案

商品焦点图文案	主标题：倒立不漏　副标题：无铅玻璃，硅胶防烫	
使用场景图文案	随行伴侣：便携拎绳，随时随地随你补水，随行都适用 车载伴侣：外出游玩之选，时尚设计触手可及，安全防漏 办公伴侣：时尚简约杯身，办公桌上的杯子，合适的容量	
商品细节图文案	细节一	标题：独特弧面设计杯盖 正文：三层立体环绕，内嵌双层密封圈，安全防漏易开合
	细节二	标题：安全耐热无铅玻璃 正文：高硼硅耐热玻璃，耐摔抗压，急冷急热不爆裂
	细节三	标题：细密均匀过滤茶隔 正文：食用级PP茶隔，缝隙细密均匀，茶水轻松分离
	细节四	标题：食用级硅胶套 正文：厚达3 mm的食用级硅胶套，隔热防烫，稳固防滑
	细节五	标题：便携拎绳设计 正文：抗拉撕硅胶拎绳，耐磨不易断，方便随身携带

三、确定视觉风格并收集素材

根据策划书的分析，初定茶花随手杯的详情描述设计配色以黄绿色、灰色、白色为主色，视觉设计风格以简约、时尚、动感为主，可采用极致简约风。字体上选用简洁有力、不刚不柔的思源黑体系列。

任务实施

（1）打开文档。调出之前完成详情页策划书的“茶花随手杯详情策划书 .xls”，根据策划书设计详情描述，文案可以根据排版需要做调整。

（2）新建图像。打开 Photoshop 软件，新建一个 750 × 3000 px 的文档，文件名为“随手杯详情页”。图像高度按照后期详情页的需要继续增加，高度增加方法：打开“画布大小”，修改高度为需要的高度，定位点击向上箭头，如图 4－37 所示。

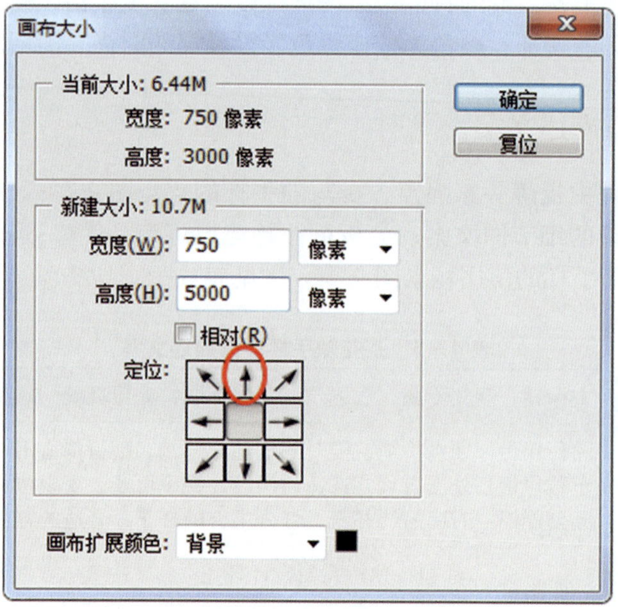

图 4－37　画布大小

（3）设计随手杯的焦点图。可以使用情境三的“随手杯海报 .psd”，再根据需要修改为更符合移动端浏览习惯的竖图。

（4）分别完成使用场景图、宝贝实拍图、参数图、细节图等相关模块的设计。随手杯详情页整体效果如图 4－38 所示。

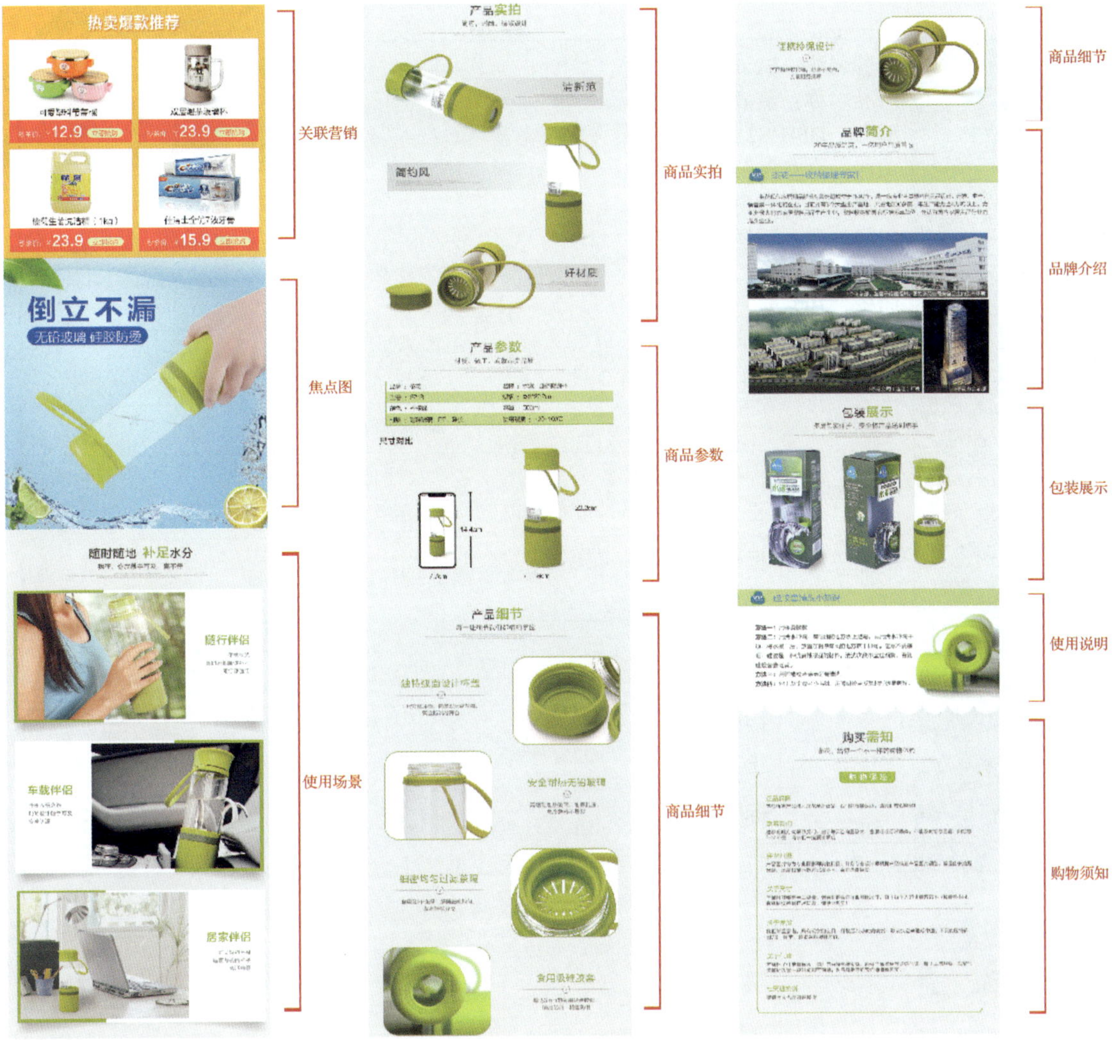

图 4-38　随手杯详情页整体效果

同步实训

任务名称	小家电详情描述文案的撰写与视觉设计
任务要求	小熊电器旗舰店需要上新一款小熊蒸煮饭盒，请你根据商品资料，分别撰写商品焦点图、商品细节图的文案，并使用 Word 完善该商品详情策划书中的文案，根据策划书使用 Photoshop 完成详情描述页设计

续表

<table>
<tr><td rowspan="1">商品资料</td><td colspan="2">品牌名称：Bear/ 小熊
产品名称：蒸煮饭盒
型号：DFH-S2116
功能：真空保鲜 蒸煮 加热
颜色分类：紫色
内胆材质：不锈钢
层数：2 层
原价：199 元
促销价：99 元
活动时间：5 月 1 日到 5 月 3 日</td></tr>
<tr><td>商品焦点图文案</td><td colspan="2">主标题：　　　　　　　　副标题：</td></tr>
<tr><td rowspan="5">商品细节图文案</td><td>细节一</td><td>标题：
正文：</td></tr>
<tr><td>细节二</td><td>标题：
正文：</td></tr>
<tr><td>细节三</td><td>标题：
正文：</td></tr>
<tr><td>细节四</td><td>标题：
正文：</td></tr>
<tr><td>细节五</td><td>标题：
正文：</td></tr>
</table>

实训笔记

记录学习过程和任务实施中的重要知识点、所需要的学习应用资源，以及老师指导任务时提出的要点。

知识要点 / 学习问题	知识点的具体解释 / 学习应用资源 / 老师指导任务要点
1.	
2.	
3.	

任务三 详情页上传

课前导学

一、观看微课，熟悉实训任务和相关知识点，提出疑问
我的疑问：
二、了解切片工具的使用方法，并总结使用时的要领
我的观点：

知识探究

一般来说，制作好的详情描述都很长，上传到店铺前，都要对图片进行切片处理。对详情描述进行切片处理可以解决如下问题：

（1）避免图片过大而加载过慢，提升买家体验，防止买家跳失。

（2）避免单张图片大小超过 3 MB 而无法上传。

（3）避免单张图片高度过高而无法上传。

淘宝网建议详情页图片不宜超过 25 张，宽度与高度分别控制在 750 px 与 1 500 px，而且单张图片大小不宜超过 300 KB。

详情页上传

另外，注意每一片切片切割成一个完整的图片，避免因网速太慢而出现切割的图片间被截断的情况。

流程计划

设计好详情描述后，进行切片上传，制订以下计划：

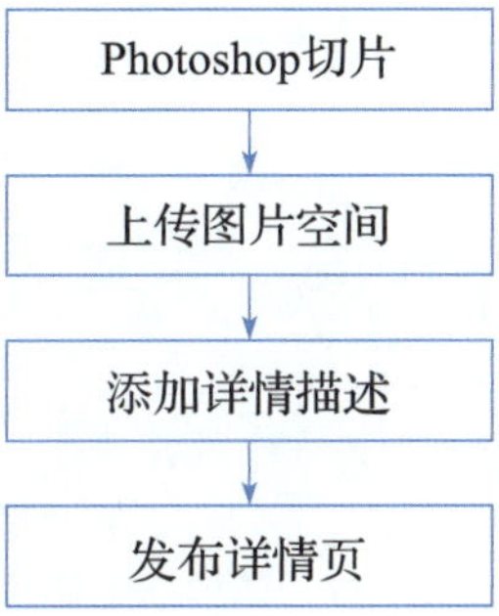

设计决策

一、Photoshop 切片

使用 Photoshop 中的切片工具对详情描述切片，每个完整的图片为一个切片，每个切片高度控制在 1 500 px 内。

二、上传图片空间

图片空间也称素材中心，是用来储存商品图片的网络空间。需要在淘宝网展示的图片，务必将其上传至图片空间。

三、添加详情描述

通过“卖家中心”中的“发布宝贝”进入“宝贝编辑页面”，找到“宝贝描述”，点击“电脑端”，编辑好相关信息。

任务实施

（1）使用 Photoshop 打开“随手杯详情页 .jpg”。

（2）对需要切开的地方拉出参考线。

（3）选择“切片工具” ，点击“基于参考线的切片”（见图 4－39）。

图 4－39　详情描述切片

（4）保存时，选择“存储为 Web 和设备所用格式”（快捷键：Alt+Shift+Ctrl+S），这是一种专门用于网页制作的格式（见图 4－40）。由于只需要图片文件，所以存储格式选择“仅限图像”。

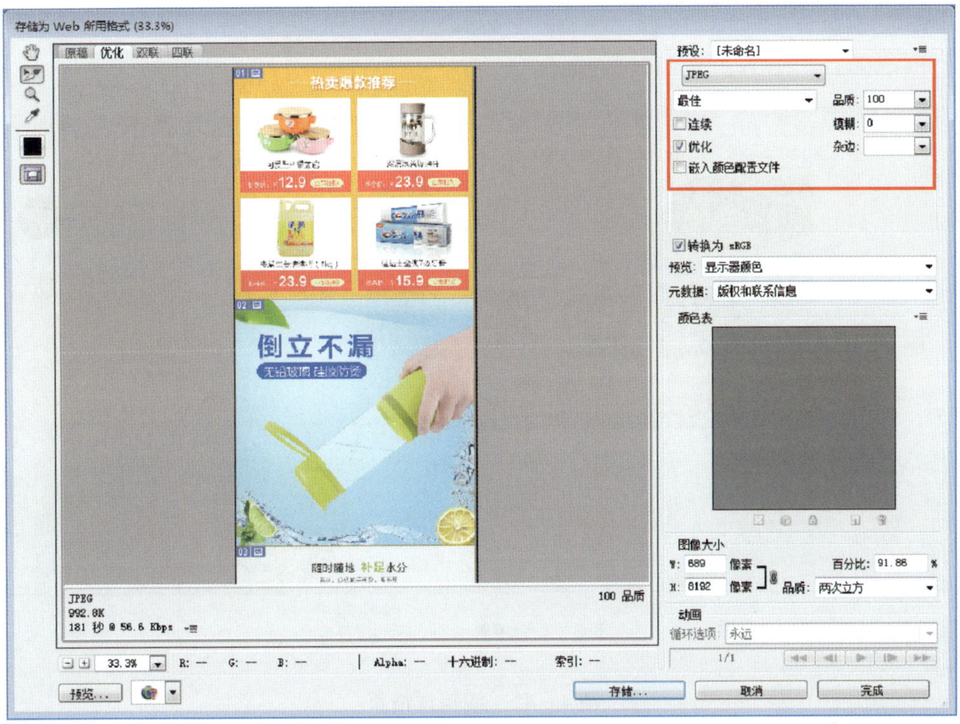

图 4－40 存储为 Web 和设备所用格式

（5）根据保存的路径，找到相应的文件夹，打开名为“image”的文件夹，找到切好的图片。将每一张切片上传到图片空间（见图 4－41）。

图 4－41 上传到图片空间

（6）编辑详情页，把图片空间中的图片插入到详情页中，注意图片的顺序可能会在上传时被打乱，所以插入图片时必须看清楚，按顺序插入。

（7）提交商品信息，完成编辑（见图 4－42）。

图 4－42　编辑详情页

同步实训

任务名称	小家电详情描述切片
任务要求	小熊电器旗舰店需要上新一款小熊蒸煮饭盒，请你把已设计好的蒸煮饭盒详情描述图片切片并上传到店铺

实训笔记

记录学习过程和任务实施中的重要知识点、所需要的学习应用资源，以及老师指导任务时提出的要点。

知识要点 / 学习问题	知识点的具体解释 / 学习应用资源 / 老师指导任务要点
1.	

续表

2.	
3.	

任务四 手机端详情页

课前导学

一、观看微课，熟悉实训任务和相关知识点，提出疑问
我的疑问：
二、搜索 3 款水杯的详情页，观察这 3 款水杯的电脑端详情页和手机端详情页，思考电脑端详情页和手机端详情页有什么共同点与不同点
我的观点：

知识探究

一、手机端详情页设计

手机端详情页设计

目前，无线购物已经成为主流，据统计，淘宝网中 80% 左右的流量是通过手机产生的，很多类目的手机端流量占比已经高达 90% 左右。

1. 手机端详情描述的规范

在发布商品时，淘宝网对手机端商品描述规范见表 4 - 6。

表 4－6　手机端商品描述规范

图片尺寸	宽度：480 ～ 1 500 px（建议上传 750 px）；高度：不大于 2 500 px
总图片大小	不大于 10 MB
图片格式	支持 jpg、gif、png 格式
文字要求	图片上文字字体，中文字体不小于 30 号字，英文和阿拉伯数字不小于 20 号字 若需要添加的文字太多，尽量使用纯文字的方式编辑，总字数不多于 5 000 字，这样页面看起来会更加清晰美观
摘要	不多于 140 字
音频要求	只能增加一个音频，时长建议不超过 30 s，不大于 200 KB，仅支持 MP3 格式 音频内容可以围绕商品卖点、品牌故事、商品特色、商品优惠等展开

2. 设计手机端详情页的意义

（1）符合手机浏览习惯，改善买家在手机端的购物体验。

（2）增加入口，吸引买家进入店铺或查看其他商品，提高成交率和二次消费。

（3）减少单个商品的下载流量，提高打开速度。

（4）可使用新型导购模式：语音导购。

3. 手机端详情页排版基本原则

根据主流手机屏幕尺寸，建议每张图片的宽度为 750 px，高度为 1 000 px 左右。手机端详情页总长度建议控制在 8 ～ 10 屏，尽量不超过 15 屏。屏数太多不利于加载，屏数太少不利于商品展示。

屏与屏之间的过渡要有节奏感，手机端详情页屏与屏之间的排版要遵循如图 4－43 所示的基本原则。

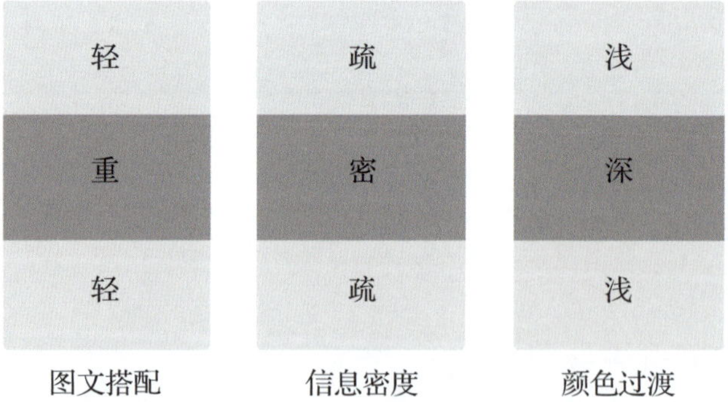

图 4－43　手机端详情页排版基本原则

如图 4－44 所示，左侧优秀案例信息密度适中，页面图文分离，再加入色彩的变化，排版上图文过渡有节奏感。

图 4-44　手机端详情页对比

4. 手机端详情页设计技巧和注意事项

（1）符合手机竖屏浏览习惯，构图使用竖向排版，多利用上下的空间排版（见图 4-45），少用左右排版（见图 4-46）。

图 4-45　手机端详情页竖向排版

图 4-46　手机端详情页左右排版

（2）做好关联营销，热销商品推荐和搭配推荐是一个把其他商品推荐给买家的入口。优惠券建议放在商品描述上面（见图 4－47），大多数人无论是否购买，都会先领优惠券，淘宝网会根据买家所领的优惠券来划分人群。而且旺铺详情编辑器可直接批量添加店铺活动、优惠券与店铺推荐商品等，操作简单便捷。

（3）详情页顶部可以添加纯文字，避免买家因为网络差加载图片慢而跳失（见图 4－48）。

图 4－47　手机端详情页关联营销

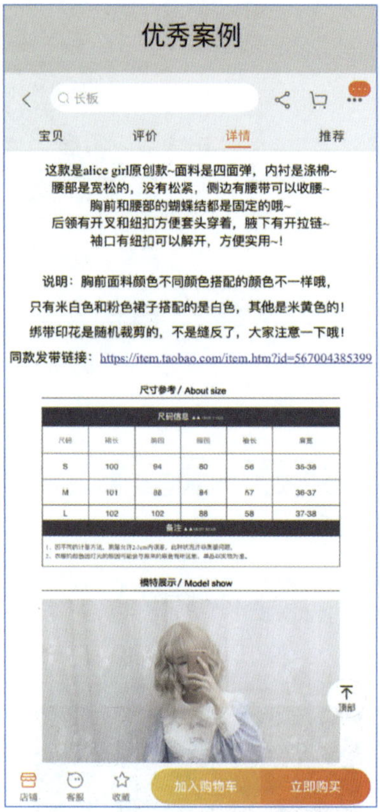

图 4－48　手机端详情页顶部添加纯文字

（4）不能照搬电脑端详情页，要根据商品特点和手机买家需求，保留需要重点突出的内容模块。

（5）一屏一个主题，一屏一个卖点（见图 4－49）。画面信息越多，指向性越弱，传播力度越弱，所以信息要一目了然，主题突出，避免卖点堆砌。

（6）字体清晰，字数精简，大小适当，保留重点文字，删减非重点文字，让人一目了然（见图 4－50）。

（7）避免使用过多的点和线元素，造成信息碎片化严重。可将零碎的点进行合并，重新组成一个面（见图 4－51）。

（8）页面要简单有层次，可以对内容进行切割分离，把每个细节模块化，分屏展示（见图 4－52）。

图 4-49 手机端详情页一屏一个主题

图 4-50 手机端详情页文字要求

图 4－51　手机端详情页避免信息碎片化

图 4－52　手机端详情页内容切割分离

（9）图文要相符，可以巧用参照物，让抽象的文案也能被直观感知。比如：用代表专业的人和物来体现出商品的专业性（见图 4 - 53）。

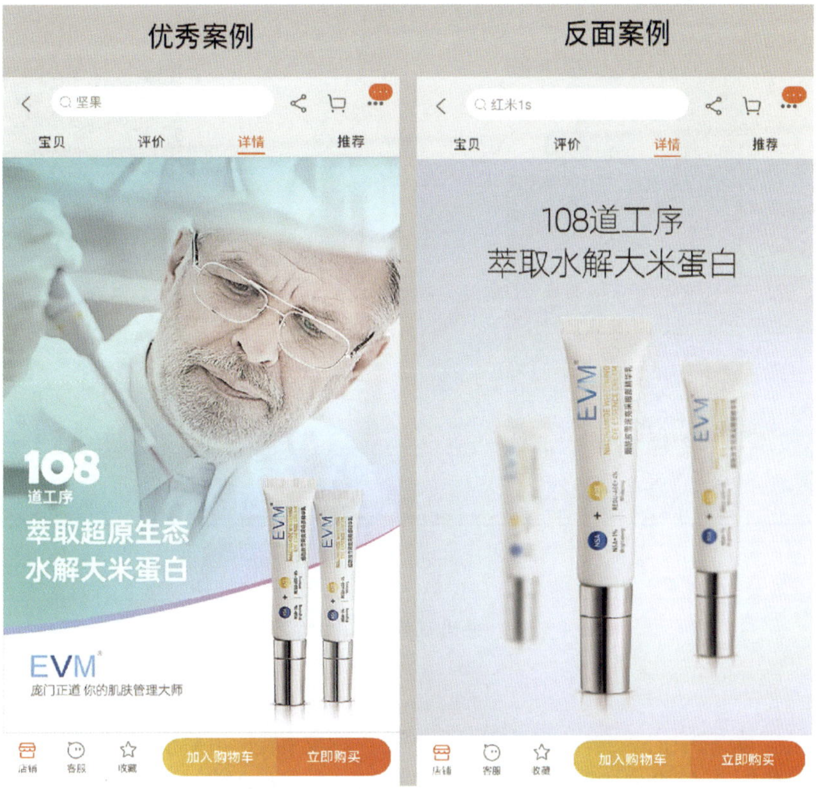

图 4 - 53　手机端详情页图文相符

（10）视觉上，颜色不宜超过 3 种，字体不宜超过 3 种。

二、手机端详情页上传

手机端详情页上传

手机端详情页描述同样需要切片上传，方法与电脑端一样。而切片也需要上传到图片空间再编辑。发布手机端详情页有以下三种方式。

1. 方法一

直接通过“卖家中心”→“发布宝贝”→“图文描述 - 电脑端描述”，设置好电脑端详情页后一键生成。

（1）先进入“宝贝编辑页面”，找到“图文描述”，点击“电脑端描述”，编辑好相关信息。

（2）在“手机端描述”点击“导入电脑端描述”，直接点击“确认生成”即可（见图 4 - 54）。注意：因手机端只有默认格式，所以导入电脑端描述对应文字、图片等个性化的格式是不会生效的。

图 4－54　手机端详情页上传方法一

2. 方法二

直接通过“卖家中心”→“发布宝贝”→“图文描述－手机端描述”→“使用文本编辑”→“添加”上传发布，可添加“摘要”“图片”“文字”(见图 4－55)。

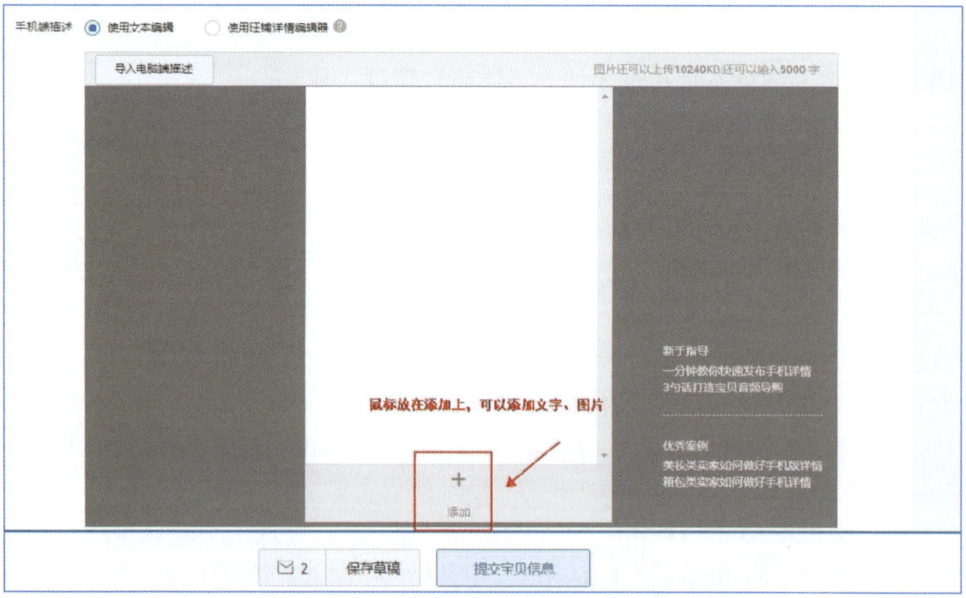

图 4－55　手机端详情页上传方法二

3. 方法三

直接通过“卖家中心”→“发布宝贝”→“图文描述－手机端描述”→“使用旺铺详情编辑器”，可选择添加“基础模块”“营销模块”“行业模块”“自定义模块”(见图 4－56)。

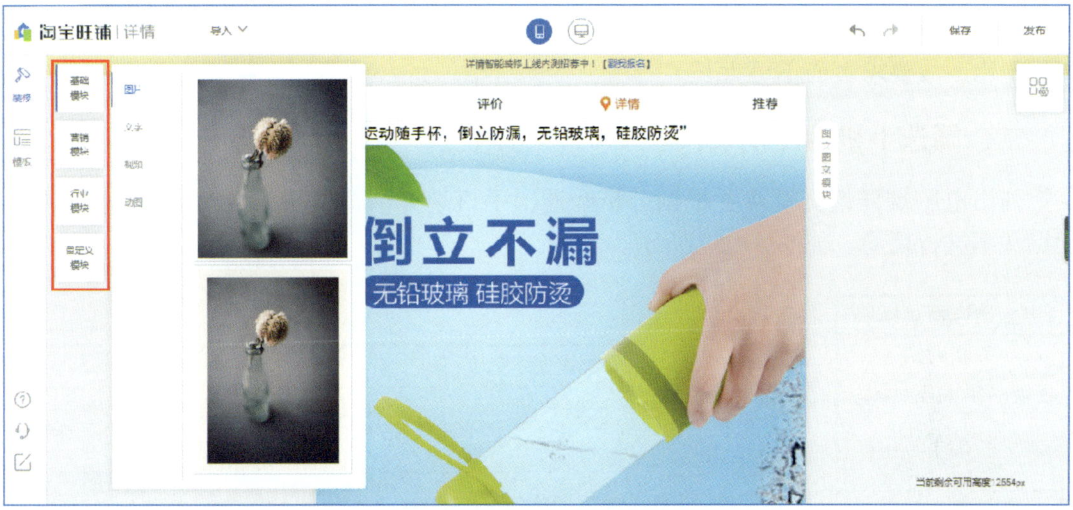

图 4－56 手机端详情页上传方法三

流程计划

通过对任务的分析及详情页设计的学习，制订以下计划：

分析商品特点和手机买家需求
↓
筛选手机端详情页模块
↓
调整手机端详情页排版
↓
上传手机端详情页

设计决策

一、分析商品特点和手机买家需求

电脑端和手机端买家需求的不同之处如下：

（1）浏览方式不同。手机店铺只要有手机或其他移动端就可于不同时间浏览，而电脑端店铺需要买家在电脑前进行浏览，手机端买家比电脑端买家更自由。

（2）转化方式不同。电脑端买家购物多数是通过多次询问才下单，而手机端更多的是静默转化。这就要求手机端商品要注重细节图、实拍图，突出使用场景展示，以更好地吸引买家的眼球。

（3）显示屏幕大小不同。手机端屏幕较小，要求商品详情页以大图展示并突出卖点，字体显眼，大小适中。

（4）浏览费用不同。买家使用手机端购物时，大多数使用移动网络，这样就会产生流量费用，故要求页面不可太长。

二、筛选手机端详情页模块

列出电脑端详情页模块，根据分析筛选出手机端详情页模块，保留重点信息，并对卖点文案进行精简。如图 4－57 所示。

电脑端详情页模块
关联营销
商品氛围焦点图
使用场景图
商品实拍图
商品基本信息
商品细节图
品牌介绍
包装展示
使用说明
购买须知

→

手机端详情页模块	调整内容
关联营销	改成自动生成的店铺推荐模块
摘要	一句话表达出商品卖点
商品氛围焦点图	改成竖屏排版，调整文字大小
使用场景图	调整文字大小，精简字数
商品实拍图	改成上文下图排版，多角度展示
商品基本信息	调整文字大小
商品细节图	一屏一个细节，上文下图排版
包装展示	调整图片大小

图 4－57　筛选手机端详情页模块

三、调整手机端详情页排版

根据手机端详情页排版基本原则、手机端详情页设计技巧和注意事项，对原先做好的电脑端详情页重新排版，调整文字，修改成适合手机端的详情页。

四、上传手机端详情页

由于电脑端详情页描述和手机端详页情描述设计上还是有差别的，不能使用一键生成的方法，而是要使用方法二或方法三，分别上传图片发布。

任务实施

（1）打开电脑端的详情页描述“随手杯详情页 .jpg”，修改“图像大小”宽为 750 px，勾上约束比例。

（2）删除不需要的模块，对排版进行调整，图片放大，字体放大。修改后整体效果如图 4－58 所示。

图 4-58　手机端随手杯详情页整体效果

（3）对需要切开的地方拉出参考线，每个完整的图片为一块，每块高度控制在 1 000 px 左右，保存切片，上传至图片空间。

（4）通过“卖家中心”→“发布宝贝”→“宝贝描述”→“手机端描述”→“使用文本编辑”→“添加”→“摘要”，在 140 字以内描述宝贝卖点（见图 4-59）。

（5）再点击“添加”→“图片”，把图片空间中的切片插入，注意图片的顺序（见图 4－60）。

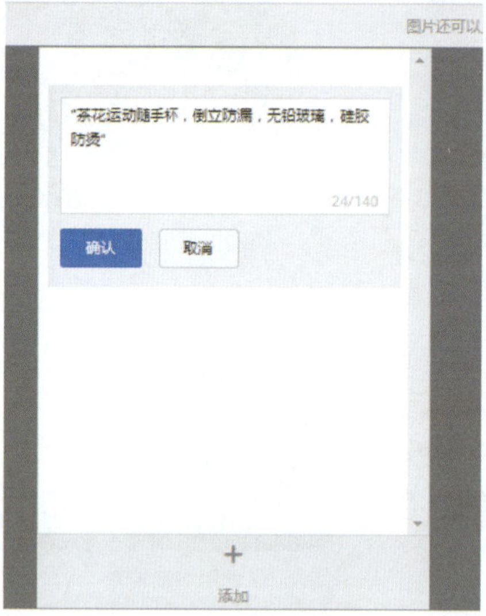

图 4－59　添加摘要

图 4－60　添加图片

手机查看详情页效果如图 4－61 所示。

图 4－61　手机查看详情页效果

同步实训

任务名称		小家电手机端详情页描述的设计
任务要求		小熊电器旗舰店的一款小熊蒸煮饭盒需要上新手机端详情页，具体要求如下： 1. 请根据商品特点和买家需求，从原先做好的电脑端详情页筛选出手机端详情页模块，并写出需要调整的内容 2. 使用 Photoshop 对详情页重新排版，调整文字，修改成适合手机端的详情页并切片上传至店铺
序号	手机端详情页模块	调整内容
1		
2		
3		
4		
5		
6		
7		
8		
…		

实训笔记

记录学习过程和任务实施中的重要知识点、所需要的学习应用资源，以及老师指导任务时提出的要点。

知识要点 / 学习问题	知识点的具体解释 / 学习应用资源 / 老师指导任务要点
1.	
2.	
3.	

情境考核

考核任务：圆珠笔详情页设计

一、考核目的

了解详情页制作的设计方法及步骤，掌握如何为店名为“三年二班”的文体店中的圆珠笔商品设计一份详情页

二、考核准备

1. 组队：以小组为单位，4～6人一组，并选出一名组长，分配好组员的工作
2. 素材：商品图片若干，见情境考核素材

三、考核任务

请使用素材提供的商品图片，完成圆珠笔详情页的设计，配色要有吸引力，排版合理，突出商品的卖点，能激发顾客的消费欲望，设计规格宽度均为 750 px，高度必须大于 7 000 px

四、任务步骤

1. 通过阿里指数定位商品，分析商品形象，得出顾客群肖像表
2. 使用 Word 撰写详情页策划，并给策划书设置文档结构图
3. 撰写详情描述文案
4. 确定视觉风格，确定字体、配色
5. 搜寻详情页素材
6. 用 Photoshop 制作详情页
7. 对详情页进行切片
8. 将详情页上传发布

五、任务实施

1. 顾客群肖像表

地域	性别	年龄	爱好	商品属性
身份推测				

2. 商品形象分析

商品形象	
详情描述风格	
详情描述布局	

3. 使用 Word 撰写详情页策划，并给策划书设置文档结构图

4. 撰写详情描述文案

续表

商品焦点图文案	主标题：	副标题：
商品细节图文案	细节一	标题： 正文：
	细节二	标题： 正文：
	细节三	标题： 正文：
	细节四	标题： 正文：
	细节五	标题： 正文：

5. 确定视觉风格，确定字体、配色

字体	
主色	
辅助色	

6. 确定素材

7. Photoshop 制作

8. 切片上传

六、考核评价

评价项目	评价指标	分数	评价说明	自我评分	小组评分	教师评分
作品评价（50 分）	详情页文案撰写	10 分	简明扼要抓住商品卖点，使用情感营销引起共鸣，促使买家浏览时间增加			
	版面设计	10 分	主题突出醒目，版面排版合理，必需的模块都具备且排序合理			
	色彩应用	10 分	色彩应用符合商品的视觉识别要求，色彩和谐、有吸引力，有视觉冲击感			
	制作技术	10 分	文件尺寸符合店铺需要，图像制作精美，在制作过程中对软件应用熟练			
	详情页创意	10 分	构思巧妙，能激发想象力，引起买家共鸣			

续表

完成态度（30 分）	职业技能	10 分	设计符合店铺需求，能够拓展相关知识，并通过多种形式加以展示			
	工作态度	10 分	态度端正，工作积极认真			
	完成效率	10 分	能在规定时间内按质按量地完成分配的任务			
团队合作（20 分）	沟通分析	10 分	能主动提出问题，快捷有效地明确设计意图和需求			
	团队配合	10 分	能与相关同学良好协作，共同完成工作			
计分						
总分（按自我评价 20%、小组评价 30%、教师评价 50% 计算）						
七、学习心得						

拓展训练

通过对本情境的学习，请你为自己店铺中的一款产品设计一个详情页，主题、文案、配色根据店铺需要自拟。

学习情境五 店铺首页

店铺首页的美观程度，直接决定进店顾客的主观感受、顾客在店内的停留时间，关系到顾客能否在店铺下单购物。美观的店铺装修会给顾户留下良好的第一印象，使其更愿意多花时间浏览店铺的商品，增加下单的概率。

学习目标

- 了解店铺首页装修的基础理论知识
- 掌握店铺首页装修的创作方法
- 掌握店铺首页装修的设计流程
- 能够独立完成店铺首页装修

情境引入

因店铺首页更新的需要，设计部主管陈明发出如下所示的任务单，要求整体更换店铺装修，主要任务包括：店铺首页策划、店铺首页设计、店铺首页上传以及手机端首页设计。

<table>
<tr><td rowspan="2">任务指派人</td><td rowspan="2">陈明</td><td>发出日期</td><td></td></tr>
<tr><td>完成日期 / 时间</td><td></td></tr>
<tr><td>任务名称</td><td colspan="3">店铺首页装修</td></tr>
<tr><td rowspan="7">任务用途</td><td>首页 ☑</td><td>主题独立页 □</td><td>官方承接页 □</td></tr>
<tr><td>主图 □</td><td>直通车图 □</td><td>钻展图 □</td></tr>
<tr><td>详情基础优化 □</td><td>详情深度优化 □</td><td></td></tr>
<tr><td>官方引流图 □</td><td>主题广告图 □</td><td>新品上新 □</td></tr>
<tr><td>常规活动营销策划 □</td><td>主题活动策划 □</td><td>大型活动策划 □</td></tr>
<tr><td>商品运营策划 □</td><td colspan="2"></td></tr>
<tr><td colspan="3">其他：</td></tr>
</table>

续表

任务要求	策划店铺首页布局，并完成店铺首页制作、上传及手机端首页制作、上传，具体要求如下： 1. 首页板块设计规范、布局协调，能引导顾客浏览店铺 2. 设计简约大气、有视觉冲击力，能突出商品 3. 字体选择合适、配色协调、布局合理、美观大方 4. 能体现品牌特色和行业特色 5. 所设计的作品需为原创设计 6. 能促进顾客下单购买
风格偏好	□普通简洁，中规中矩 ☑ 大气简约，商业气息浓 □古典文化，怀旧经典 □年轻时尚，青春活力，另类 □热烈奔放，充满情趣 □其他：________
制作规范	电脑端： 宽：1 920 px，高：6 000 px（可根据具体设计调整），jpg 格式 手机端： 宽：750 px，高：3 000 px（可根据具体设计调整），jpg 格式
自我检查	确认签名：
组长检查	确认签名：
验收人	确认签名：

任务一 店铺首页策划

课前导学

1. 观看微课，熟悉实训任务和相关知识点，提出疑问
我的疑问：

2. 搜索店铺首页，归纳常见的店铺首页板块有哪些
我的观点：

知识探究

一、首页布局的内容

店铺首页策划

众所周知，网店店铺的首页就相当于一个实体店的门面，其作用不亚于商品的详情描述，店铺首页装修的好坏会直接影响客户的购物体验和店铺的转化率。

那么如何才能装修好一个店铺呢？怎么布局、如何规划才能有一个不错的首页呢？如何装修才能有自己的风格呢？

一个正常营业的店铺首页主要由店招、导航条、海报、商品分类、客服旺旺、商品展示、店铺页尾、店铺背景，以及满返、满减、红包、购物券等营销模块组成。店铺首页标准布局图如图 5－1 所示。

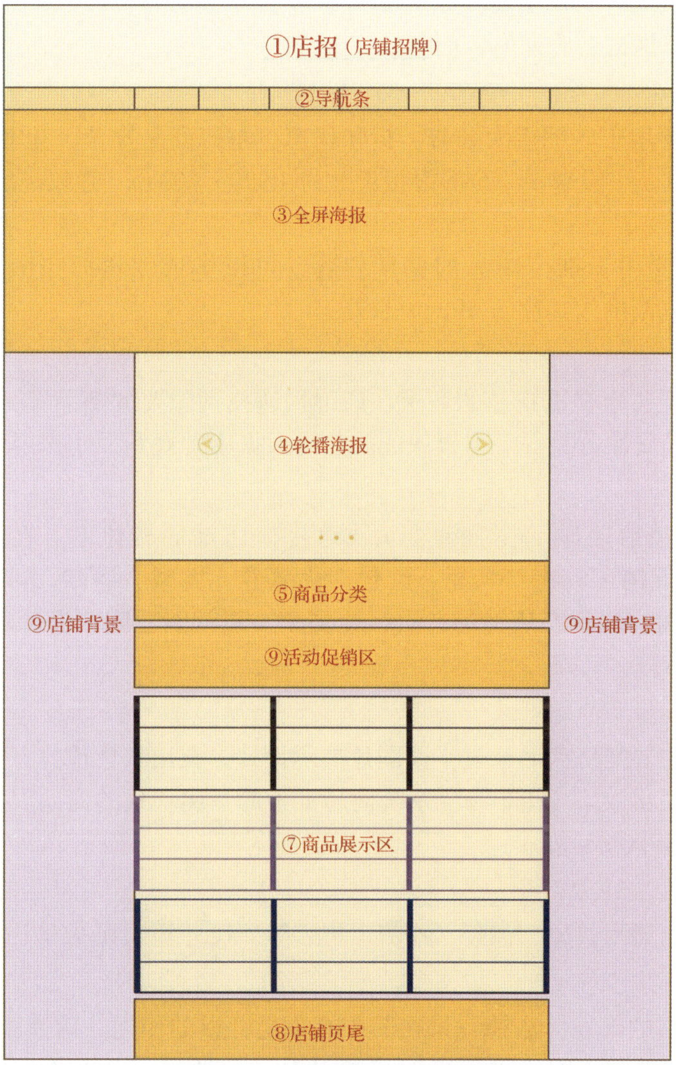

图 5－1 店铺首页标准布局图

二、首页布局内容解析

1. 店招

顾名思义，店招是店铺的招牌。店招的尺寸为 950×150 px 含自定义导航部分；尺寸为 950 × 120 px，其导航为系统自带。店招一般展示店铺名称、Logo 标志、口号等；详细一些的店招也可以展示 1 ～ 2 款主推的商品，还有领取优惠券的设计、收藏店铺的图标等。店招是店铺里唯一一个在各个页面都能展示出现的模块，所以一些重点推广信息可以设计在店招上。

2. 导航条

导航条可分为淘宝系统自带导航条和自定义导航条，其主要功能是可以快速链接到指定的页面。一般内容为所有分类、首页等，丰富一些的有会员制度、购物须知、品牌故事等，具体可根据自己店铺内容而定。

3. 全屏海报或轮播海报

全屏海报主要用于店铺重大公告、折扣优惠、主打商品推荐，让客户一进入首页就能看到店铺的重点。一般来说，全屏海报尺寸为 1 920 × 600 px（建议高度为 400 ～ 600 px 较好）。

轮播海报主要用于推广商品的促销内容，可以做成促销海报吸引买家，尺寸为 950 × 500 px（建议高度为 400 ～ 500 px 较好）。

4. 商品分类

商品分类方便买家根据自己的需求在店铺快速找到想要的商品，分为价格分类、商品功能分类、商品属性分类等。本模块的尺寸可根据店铺规划大小来定义。

5. 活动促销区

将店铺的促销活动显示在店铺首页，可提升店铺的转化率。在旺铺的基础模块中，可供使用的促销工具有：满返、红包、优惠券、满减、满赠。可以通过平面图片的设计，将促销内容展示在店铺的首页，让买家一眼就能看到。设计尺寸通常为 950 × 200 px 内。

6. 商品展示区

商品展示区主要是将商品通过平面图片展示设计，突出其性价比，并融入店铺风格，提升商品的视觉展示效果（此非淘宝系统商品推荐的豆腐块式的商品展示）。本模块尺寸可根据店铺规划大小来定义。

7. 店铺页尾

店铺页尾主要展示快递、包装、物流、售后等，尺寸控制在 950 × 300 px 内。

8. 店铺背景

一个店铺风格的确立，店铺背景在其中有举足轻重的作用。店铺背景设计的主要内容是背景图片，店铺的二维码或店铺一些重要的折扣信息都可以加在店铺背景上。

三、店铺首页案例展示

图 5－2 所示为小熊电器官方旗舰店首页，其风格简约大气，排版布局合理紧凑，凸显多样、精致家电品质。

店招
导航栏
破壁熬煮
豆浆香醇无渣
349
全屏海报
分类导航
分类导航
0元购!
热销好货
促销活动
熊家推荐
店长推荐专区
大容量空气炸锅
限时特惠
煮涮煎炒烙全能
分体设计易清洗
限时特惠
11L迷你电烤箱
萌潮定制养生壶
萌潮双层电饭盒
萌潮便携榨汁杯
分类推荐专区

图 5－2 店铺首页案例

流程计划

通过对任务的分析及店铺首页布局规划知识的学习，制订店铺首页布局计划如下：

构思大体框架 → 在纸上画出草图 → 整理出电子文档 → 框架修改定稿

设计决策

根据任务书的要求，本店铺首页设计需要包含的模块如下：

（1）店招区域：用于展示店铺的 Logo、店名、店铺口号和主推商品等信息。

（2）导航条：为顾客提供方便的类目导航功能，可直接导航至相应类目。

（3）全屏海报：展示店铺中最热销的商品，或者当下最吸引顾客的促销商品，以全屏的形式吸引进入店铺顾客的眼球。

（4）优惠券：将本店的优惠券展示出来，供顾客领取使用。

（5）店铺活动区：展示店铺目前的促销活动，可通过这些活动提升店铺转化率。

（6）店长推荐专区：展示店铺中最有竞争力的或者优惠力度最大的商品。

（7）新品上市专区：展示店铺中新上架的商品，增加新品的曝光量。

任务实施

一、构思大体框架

简单思考一下店铺首页的大概框架，为草图的设计做好构思。

二、在纸上画出草图

用铅笔和草稿纸，尝试着绘制一下店铺首页的内容，可以进行多次修改与调整。

三、整理出电子文档

依据草图，使用简单的绘图工具进行绘制，将首页的大体框架整理成电子文稿，为后面的设计做好准备。

四、框架修改并定稿

使用 Excel 软件，按照设计决策中规划好的板块，绘制出店铺首页的大体框架，如图 5－3 所示。

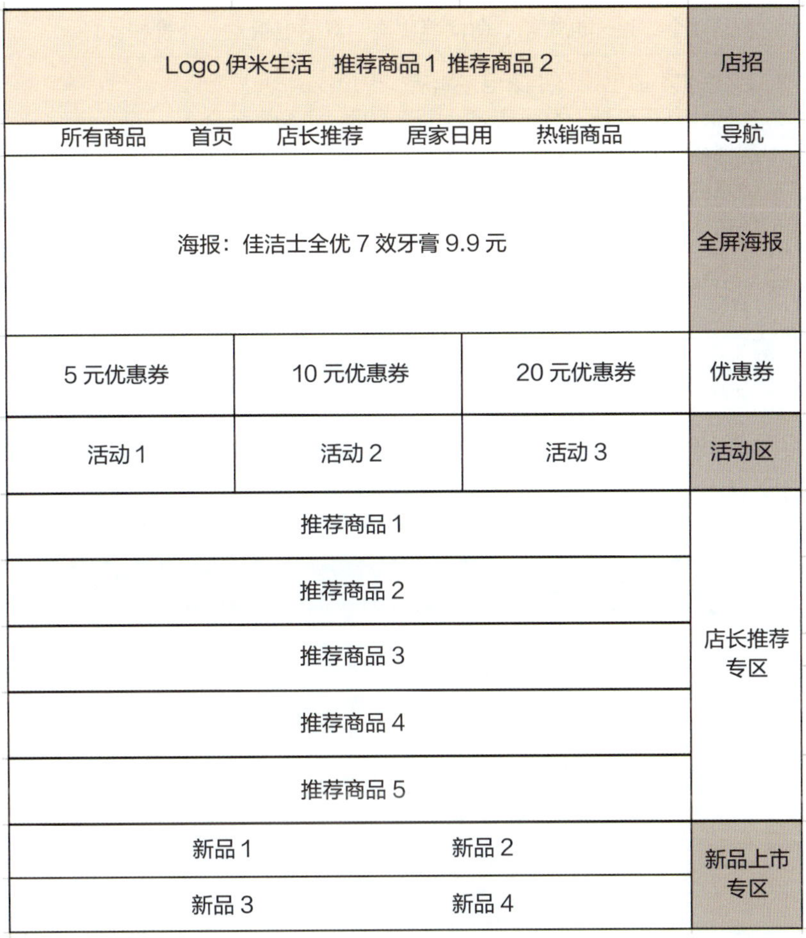

图 5－3　店铺首页布局框架图

同步实训

任务名称	为店铺首页进行模块策划
任务要求	根据本任务学习的知识，使用 Excel 对小家电店铺首页各模块进行策划

续表

制作规范	1. 首页各模块完整，能呈现出各区域的主要涉及要点，以文字及图片的形式进行表达 2. 首页宽：1 920 px，核心内容需要放置在页面中心 950 px 内
产品资料	1. 店招主推商品 2 个：网红轻食早餐机、智能加湿器 2. 海报商品 1 个：旋钮式破壁机 3. 店长推荐商品 5 个：大容量空气炸锅、紫外线消毒柜、轻食三明治机、双盖炖煮养生壶、多功能电煮锅 4. 新品 4 个：迷你电烤箱、萌潮养生壶、双层电饭盒、便携榨汁杯
店铺资料	1. 店名："小熊电器"小家电专卖店 2. 店标：自行设计，突出店名、主营类目，色彩搭配合理 3. 店铺口号：健康生活每一天 4. 优惠券：买满 199 减 10 元、买满 380 减 20 元、买满 750 减 40 元 5. 促销活动：秋季滋补产品特价优惠

实训笔记

记录学习过程和任务实施中的重要知识点、所需要的学习应用资源，以及老师指导任务时提出的要点。

知识要点 / 学习问题	知识点的具体解释 / 学习应用资源 / 老师指导任务要点
1.	
2.	
3.	

任务二 店铺首页设计

店铺首页设计

课前导学

1. 观看微课，熟悉实训任务和相关知识点，提出疑问

我的疑问：

2. 了解店铺首页的配色需要遵循什么原则

我的观点：

知识探究

一、店标知识

1. 店标的定义

店标即店铺的标志，是指在网店中起到识别和推广店铺作用的图案。店标是店铺标识的图形记号，可以让消费者记住店铺主体和品牌文化。店标给人的感觉是最直观的，可以代表店铺的风格、店主的品位、商品的特性等，也可起到宣传的作用。

2. 店标的作用

店标是一种“视觉语言”，是公众识别店铺的指示器。店标通过一定的图案设计来向消费者传达店铺信息，以达到识别店铺、促进销售的目的。

风格独特的店标能够刺激消费者产生联想，从而留下深刻的印象。

3. 店标的要求

（1）文件格式 gif、jpg、jpeg、png。

（2）文件大小 80 KB 以内。

（3）建议尺寸 80 × 80 px。

店标实例如图 5－4 所示。

4. 常见店标分析

如图 5－5 所示，通过分析该店标，可知该店铺主营业务及所属行业。

图 5－4　一号店店标

图 5－5　固力制锁店标

（1）店标：固力制锁。

（2）关键字：GULI，G。

（3）行业：制锁，以挂锁作为设计元素。

5. 店标的设计步骤

（1）提取店名关键字，取得关键字的首字母。

（2）分析店铺所属行业、主营业务或商品分类并进行抽象化，选择可替代的图案。

（3）将字母和图案结合，完成店标的设计。

二、店招知识

1. 店招的定义

店招就是商店的招牌，有的地方叫“招子”，古人称为“幌子”“望子”。近年来，随着网络交易平台的发展，店招也延伸到网店中，即虚拟店铺的招牌。网店的招牌相当于传统商铺的“门头”。传统商铺的“门头”如图 5－6 所示。

图 5－6　传统商铺的“门头”

2. 店招的作用

（1）店招可以表明店铺所售物品或服务项目。

（2）店招可以传递店铺的经营理念及品牌优势等。

（3）店招可以展示店铺的优势产品及服务。

3. 店招的大小

店招尺寸为 990/950 × 120 px。C 店和商城的店招尺寸是有区别的，如图 5 - 7 所示。

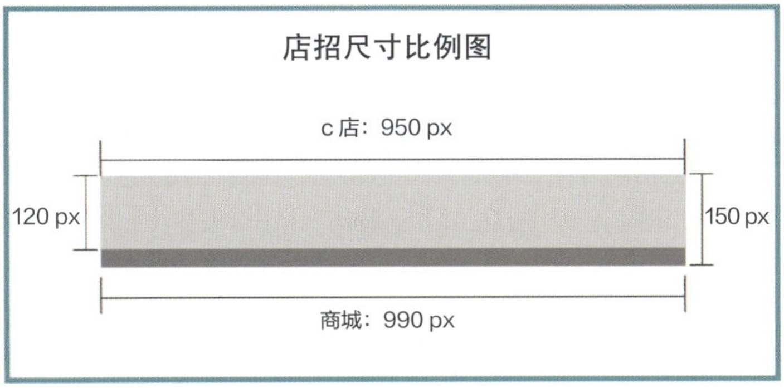

图 5 - 7　店招尺寸比例图

4. 店招的分类

以店招的主要功能进行分类，店招可分为下面三大类。

（1）以品牌宣传为目的的店招（见图 5 - 8）。

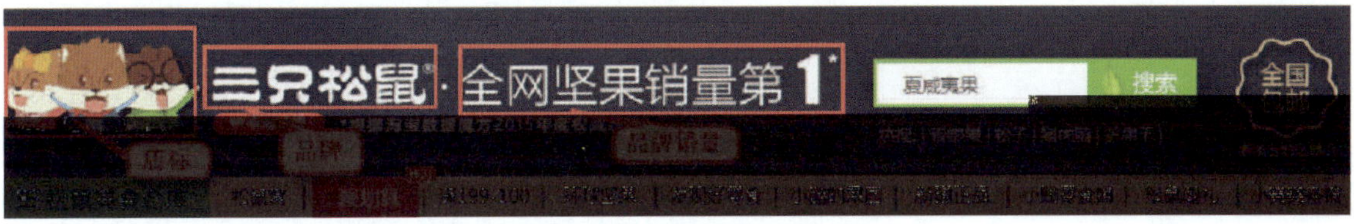

图 5 - 8　品牌宣传店招

这类店招首先要考虑的内容是店铺名、品牌 Logo、店铺口号，因为这些是品牌宣传最基本的内容；其次是关注按钮、关注人数、收藏按钮、店铺资质，可以从侧面反映店铺实力；最后是搜索框、第二导航条等方便用户体验的内容。

（2）以活动促销为目的的店招（见图 5 - 9）。

图 5 - 9　活动促销店招

店铺开展促销活动时，流量集中增加，有别于店铺正常运营。所以，店招首要考虑的因素是活动信息、时间、优惠券、促销产品等内容；其次是搜索框、客服旺旺、第二导航条等方便用户体验的内容；最后才是店铺名、品牌 Logo、店铺口号等品牌宣传为主的内容。

（3）以商品推广为目的的店招（见图 5 - 10）。

图 5 - 10　商品推广店招

店铺如果想要主推一款或几款商品，在店招上首先要考虑促销商品、促销信息、优惠券等内容；其次是店铺名、品牌 Logo、店铺口号等品牌宣传为主的内容；最后是搜索框、第二导航条等方便用户体验的内容。

5. 制作店招要注意的事项

（1）视觉重点不宜过多，有 1 ～ 2 个就够了，太多会导致店招没有核心。

（2）要根据店铺现阶段的情况来分析，如果现阶段是做促销，可以着重突出促销信息，但是也不能忽略品牌。

（3）店招一定要凸显品牌的特性，包括风格、品牌文化等。不过，这些元素需要在设计者对品牌有一定的理解之后，方可以应用至店招中，避免对店铺品牌定位出现偏差。

（4）颜色不要复杂，保持整洁性。店招本来需要表达的信息量就不大，不需要将其搞得太花哨，容易给买家造成视觉疲劳，降低关注度。尽量只使用 1 ～ 3 种颜色，减少使用刺激性过强的颜色。

三、促销区知识

网店经营中，促销活动是很常见的，因此许多店铺都会拿出专门的一个区域放促销信息。促销区一般在首页海报下方，详细介绍店铺活动内容，以此来吸引顾客的眼球，增加顾客在店铺的停留时间，引导顾客参与活动并吸引其点击购买商品。

利用促销区可以传达的信息有很多种，例如：新品通告、分类推荐、单品推荐、活动入口、优惠说明等。但对于促销区而言，并不是信息越多越好，而是选择对店铺引流最有效的、顾客最关注的信息放进去。

1. 优惠券

优惠券（见图 5 - 11）在网店中非常常见，大部分网店都会设置优惠券，并将其展示于网店显眼的位置，如轮播海报的下方。

在网店中，为了提高转化率，卖家可以使用合适的优惠券来吸引消费者，让消费者产生购买欲，促进成交。

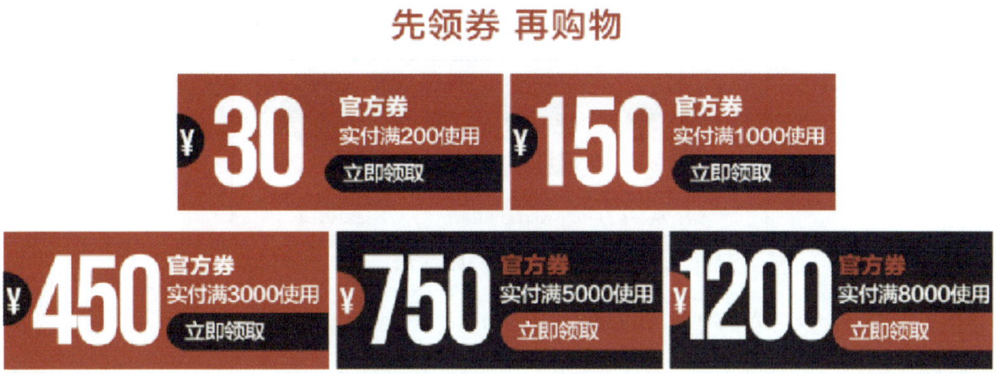

图 5－11 促销区优惠券

2. 促销活动

网店的促销活动包括日常的普通打折活动和平台的大型节日促销，这些活动会给店铺带来流量和销量，顾客也可以通过这些活动获得实实在在的好处。常见的促销活动形式有折扣活动（见图 5－12）、会员活动（见图 5－13）、抽奖活动（见图 5－14）、满赠活动（见图 5－15）等。

图 5－12 折扣活动

图 5－13 会员活动

图 5－14 抽奖活动

图 5－15　满赠活动

四、商品分类导航知识

商品分类导航是指引顾客更快找到自己拟购买商品位置的指向灯，相当于超市中标明各类商品位置的指示牌，其重要性不言而喻。

商品分类导航的作用包括：

（1）引导顾客快速找到所需的商品，起到路径的作用。

（2）提高顾客在店铺里的访问深度，增加浏览流量。

（3）有助于顾客对整个店铺商品的全面了解，提高客单价。

1. 商品的分类标准

（1）按商品类目进行分类。

（2）按商品价位进行分类。

（3）按商品上架时间进行分类。

（4）按店铺促销活动进行分类。

每个店铺的分类标准不尽相同，在进行商品分类时，需要根据自己店铺的实际情况区别对待。

2. 商品分类导航的种类

（1）店招导航（见图 5－16）。

图 5－16　店招导航

（2）页中分类导航（见图 5－17）。

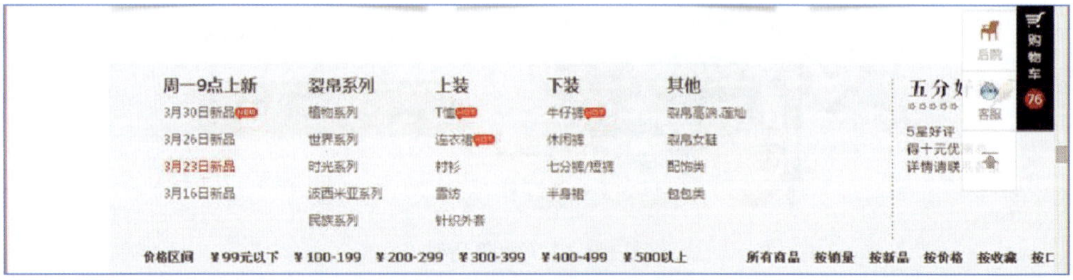

图 5－17　页中分类导航

（3）左侧分类导航（见图 5-18）。

图 5-18　左侧分类导航

（4）页尾分类导航（见图 5-19）。

图 5-19　页尾分类导航

（5）悬浮导航。

五、商品陈列区知识

商品陈列是将商品按销售者的经营思想及要求，有规律地摆设、展示，以方便顾客购买，提高销售效率的重要的宣传手段，是销售产业广告的主要形式。

合理地陈列商品可以起到展示商品、刺激销售、方便购买、节约空间、美化购物环境等各种重要作用。据统计，店铺如能正确运用商品配置和陈列技术，销售额可以在原有基础上提高 10%。

1. 电商行业商品陈列

电商行业商品陈列源于线下成熟的零售行业。比如在一个陌生的超市，顾客凭感觉能找到商品所在的货架位置。超市的布局并不是随机的，而是根据顾客需求来设计的。淘宝网店铺的商品陈列，也应有一定的规律性。

电商行业中影响商品陈列的主要有商品分类、商品图片、商品信息内容传统超市和电商商品陈列对比（如商品名称、商品价格）等，如表 5－1 所示。

表 5－1　传统超市和电商商品陈列对比

传统超市商品陈列		电商商品陈列	
位置	内容	位置	内容
入口处	吸引顾客进店，配置主题型季节促销区（特别是标准超市）	首屏焦点海报	电商主题大促
主题区	放在卖场深处，吸引顾客向卖场纵深	分类商品陈列区	电商引导性标识
端架区	高毛利商品，低价优质商品，强化价格形象，激发顾客购买欲望	大促商品陈列区	电商新热促爆点
排面促销区	活化陈列，吸引顾客向货架深处行进	首页商品分类列表	电商分类运营手段
特殊陈列	包柱子海报宣传	首页背景设置	电商特别主题装饰渲染气氛

2. 如何进行商品陈列

电商行业，消费者的浏览习惯是从上到下、从左到右。商品陈列原则有以下几个：

（1）重点突出（见图 5－20）。

图 5－20　重点突出商品陈列

（2）整齐统一（见图 5－21）。

图 5－21　整齐统一商品陈列

（3）色彩对比（见图 5－22）。

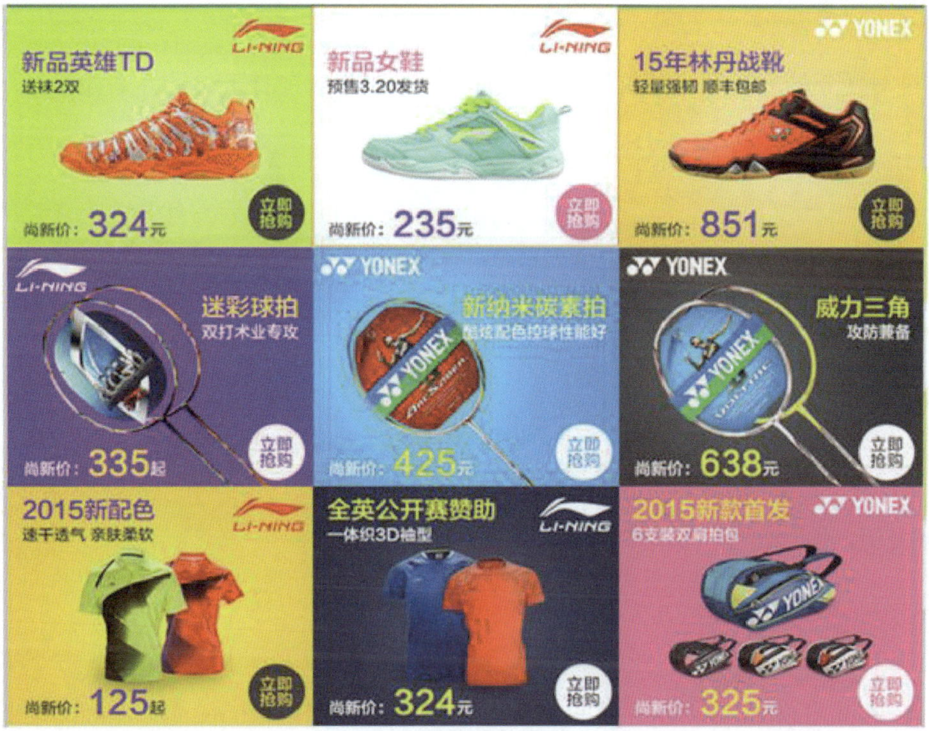

图 5－22　色彩对比商品陈列

（4）关联有序（见图 5－23）。

图 5－23　关联有序商品陈列

流程计划

通过对任务的分析及店铺首页各模块的学习，制订店铺首页设计计划如下：

新建首页文件
↓
策划字体、字号、配色和排版
↓
制作店铺首页
↓
店铺首页修改定稿

设计决策

一、新建首页文件

使用 Photoshop 软件，建立首页文件，设置新文件宽 1 920 px、高 6 000 px，添加辅助线。

二、策划字体、字号、配色和排版

字体：微软雅黑。
字号：大标题为 60 点，中标题为 40 点，小标题为 25 点。
配色：背景色为淡蓝色，辅助色为深蓝色，点缀色为玫红色。
排版：整体简约大气，商品图片突出，商品卖点、价格醒目，购买按钮方便客户点击。

三、制作店铺首页

结合店铺首页策划的结果，完成店铺的首页设计，包括店招、导航栏、海报、优惠券、促销区、店长推荐专区、新品上市专区。

四、店铺首页修改定稿

检查完成的店铺首页，对存在的问题进行修改，完成之后将店铺首页保存为 psd 和 jpg 格式文件。

任务实施

一、新建图像

打开 Photoshop 软件，新建文件，宽度 1 920 px，高度 6 000 px，文件命名为：伊米生活淘宝店首页（见图 5－24）。

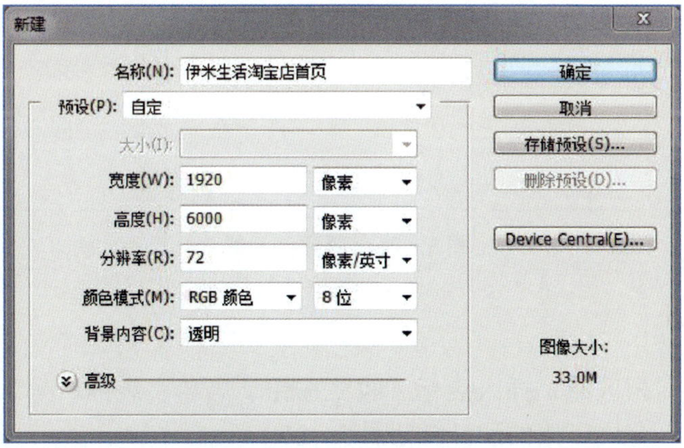

图 5－24　新建首页文件

如果首页设计的图片高度不够，则可以通过修改画布大小来增加。打开“画布大小”，修改所需要的高度，定位点击向上箭头（见图 5－25）。

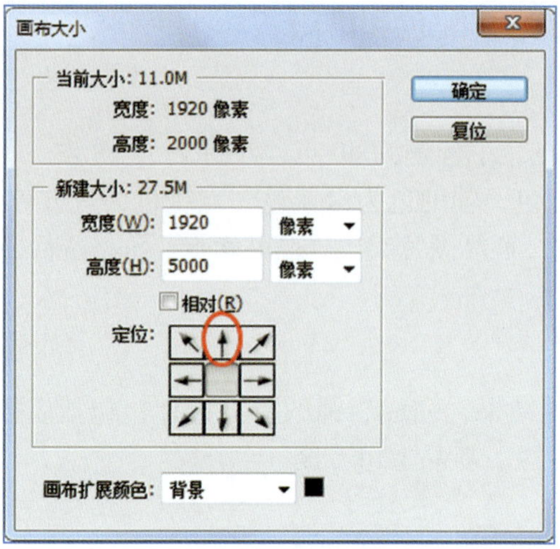

图 5－25　修改画布大小

新建参考线，辅助完成首页设计定位。垂直方向：485 px，1 435 px 两条；水平方向：120 px，150 px，600 px 三条（见图 5－26）。

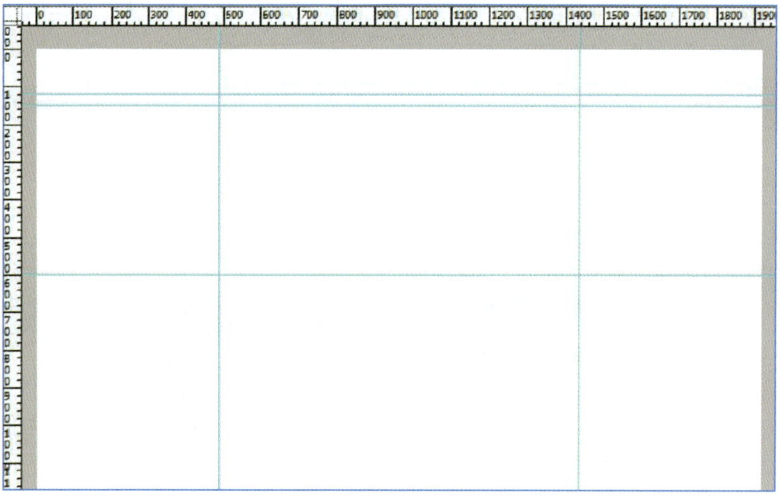

图 5－26　新建参考线

二、店招设计

在首页文件的店招区域，插入店标、收藏按钮、店名、店铺口号、推荐商品等内容，并进行布局和排版，完成店招的设计（见图 5－27）。

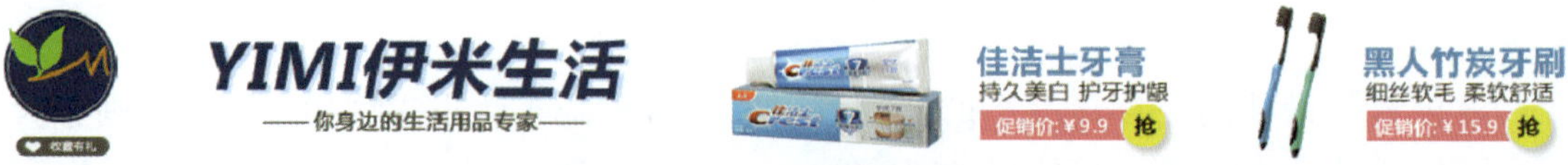

图 5－27　店招设计

三、导航栏设计

在店招下方，新建导航栏，包含“所有商品”“首页”“店长推荐”“居家日用”“热销商品”，蓝底白字显示（见图 5-28）。

图 5-28 导航栏设计

四、全屏海报设计

在海报区域制作海报，参考本书学习情境二的海报设计知识，完成海报设计（见图 5-29）。

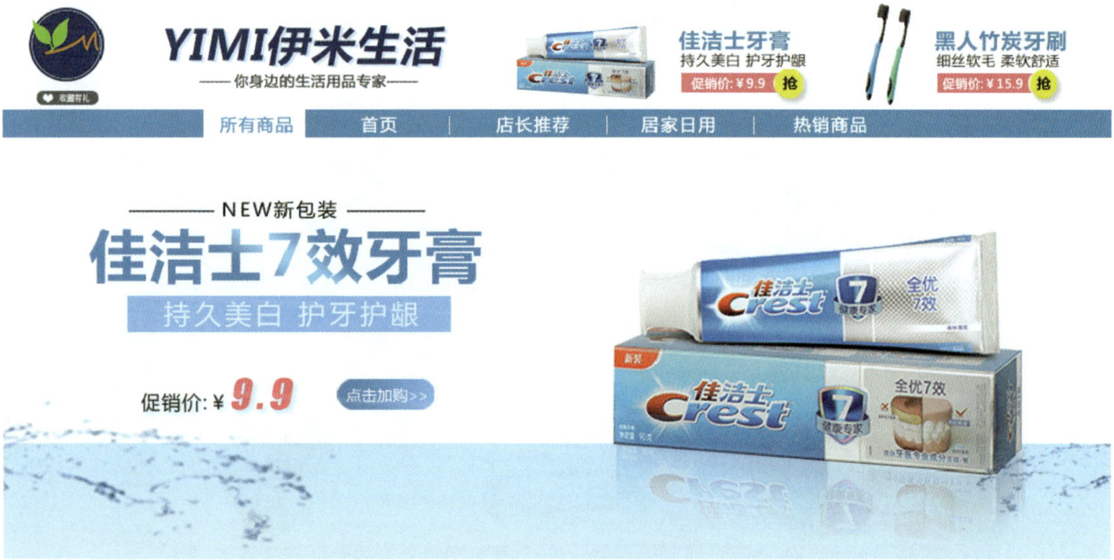

图 5-29 全屏海报设计

五、优惠券设计

在海报的下方，进行优惠券设计。优惠券的面值有三种：5 元，满 50 元使用；10 元，满 80 元使用；20 元，满 100 元使用。设置“点击领取”按钮，高亮显示，吸引顾客点击领取（见图 5-30）。

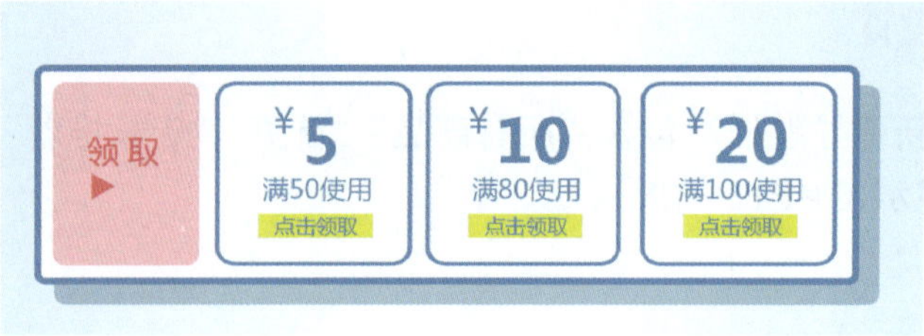

图 5 - 30　优惠券设计

六、促销区设计

在店铺首页中，促销区的设置可以提升店铺转化率，提高客单价。在本首页中，设置了三个促销活动：

活动 1：幸运大转盘。

活动 2：支付满 100 元送礼品。

活动 3：支付满 150 元送礼品。

在促销区，使用蓝色作为底色，突出活动内容，达到吸引顾客注意力的目的（见图 5 - 31）。

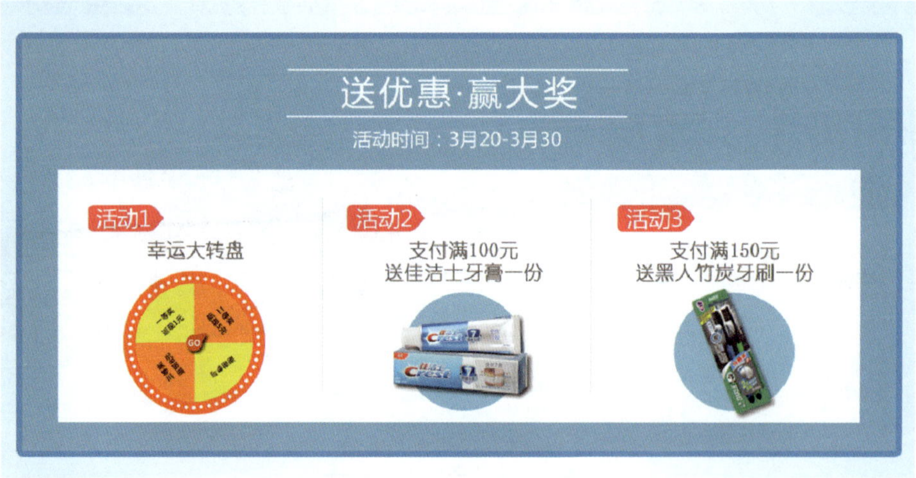

图 5 - 31　促销区设计

七、店长推荐专区设计

店长推荐专区推荐店铺内最有竞争优势或者最热卖的商品，以吸引更多顾客购买。本首页推荐了 5 款商品，每款推荐商品的海报图中包含商品图片、商品名称、商品卖点、商品价格和抢购按钮，抢购按钮高亮显示，吸引顾客点击（见图 5 - 32）。

图 5-32 店长推荐专区设计

八、新品上市专区设计

新品上市专区推荐店铺内最新上架的商品，以吸引更多顾客购买。本店新品上市专区推荐了 4 款商品，每款新商品的海报图中包含商品图片、商品名称、商品卖点、商品价格和抢购按钮，抢购按钮高亮显示，吸引顾客点击（见图 5-33）。

图 5-33　新品上市专区设计

同步实训

任务名称	店铺首页设计制作
任务要求	结合上一同步实训任务的首页策划结果，为小家电店铺设计店铺首页
制作规范	首页宽：1 920 px，核心内容需要放置在页面中心 950 px 内，页面配色协调、布局合理、商品信息突出

实训笔记

记录学习过程和任务实施中的重要知识点、所需要的学习应用资源，以及老师指导任务时提出的要点。

知识要点 / 学习问题	知识点的具体解释 / 学习应用资源 / 老师指导任务要点
1.	
2.	
3.	

任务三 店铺首页上传

店铺首页上传

课前导学

1. 观看微课，熟悉实训任务和相关知识点，提出疑问
我的疑问：
2. 了解图片热点链接和切片链接有什么不同
我的观点：

知识探究

一、首页上传的方法

1. 模块上传

可使用智能版旺铺的装修模块，完成首页中对应模块的上传。在上传过程中，还需要分别完成各模块图片的设计。

2. 代码上传

将首页设计为一张完整的图片，利用 Photoshop 软件进行切片，保存为 HTML 网页文件，并用 DW 软件修改图片目标链接，通过添加全屏代码实现全屏首页的整体上传。

3. 第三方工具上传

可使用一些第三方工具，智能化地完成首页的上传。目前比较受欢迎的有“稿定设计”等工具，这些工具更新频率较快，可随时关注。

二、首页包含的模块

淘宝旺铺的智能版包括了基础模块和设计师模块两大类。

1. 基础模块（见图 5－34）

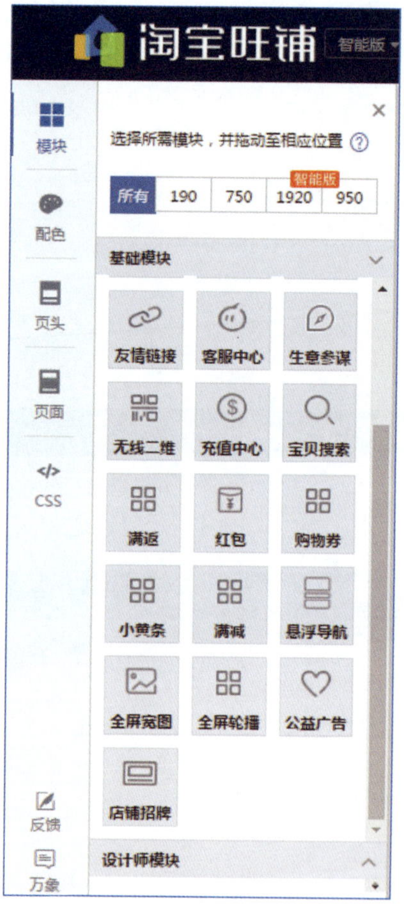

图 5－34　淘宝旺铺基础模块

基础模块中，可以分为以下几类：

商品推荐类：宝贝推荐、宝贝排行、自定义区。

分类导航类：默认分类、个性分类、悬浮导航、宝贝搜索。

图片展示类：图片轮播、全屏宽图、全屏轮播。

营销类：满返、红包、购物券、满减。

其他类：友情链接、客服中心、生意参谋、无线二维码、充值中心、公益广告、小黄条。

2. 设计师模块

淘宝旺铺设计师模块包括特价专区、宝贝排行、宝贝分类，如图 5－35 所示。

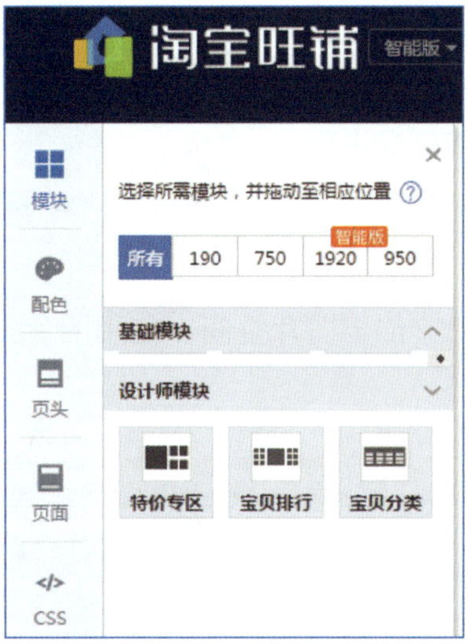

图 5－35　淘宝旺铺设计师模块

三、模块装修

1. 店招

使用“店铺招牌”模块来完成。

2. 导航条

默认情况下，店铺提供高 30 px 的导航条，如果想设计得更加精美，可与店招设计在一起，发挥设计水平的空间会更大一些。

3. 全屏海报

全屏海报需要使用“全屏宽图”模块来完成。

4. 产品促销轮播海报

产品促销轮播海报需要使用“图片轮播”模块来完成。

5. 优惠券

优惠券可使用“购物券”模块来完成。

6. 活动区

活动区需要使用“营销类”模块来完成。

7. 产品展示区

默认的主图展示，可通过“宝贝推荐”来完成，但自定义的主图展示则需要使用“自定义区”模块来完成。

四、使用 DW 上传店招的方法

使用 DW 热点工具，完成店铺页头部分的上传。

（1）打开 Dreamweaver 软件，新建文件，插入店铺店招的核心部分图片（店招中心 950 px 区域，可以进行超链接，即图 5－36 中红色区域）。

图 5－36　店招核心区域

（2）将店招核心区域图片上传至图片空间，使用图片空间中的图片地址替换该图片的源文件（见图 5－37）。

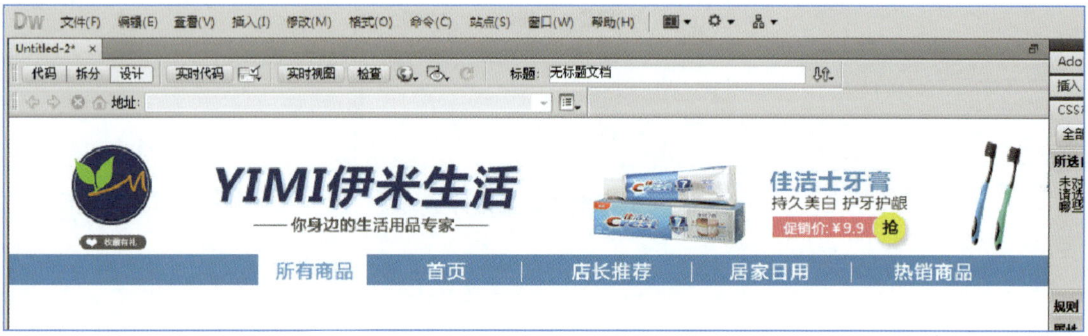

图 5－37　在 DW 文件中插入图片

（3）选中图片，在该图片的属性栏中找到“地图”属性，选择“矩形热点工具”，在图片中需要添加链接的区域，划定矩形区域（见图 5－38）。

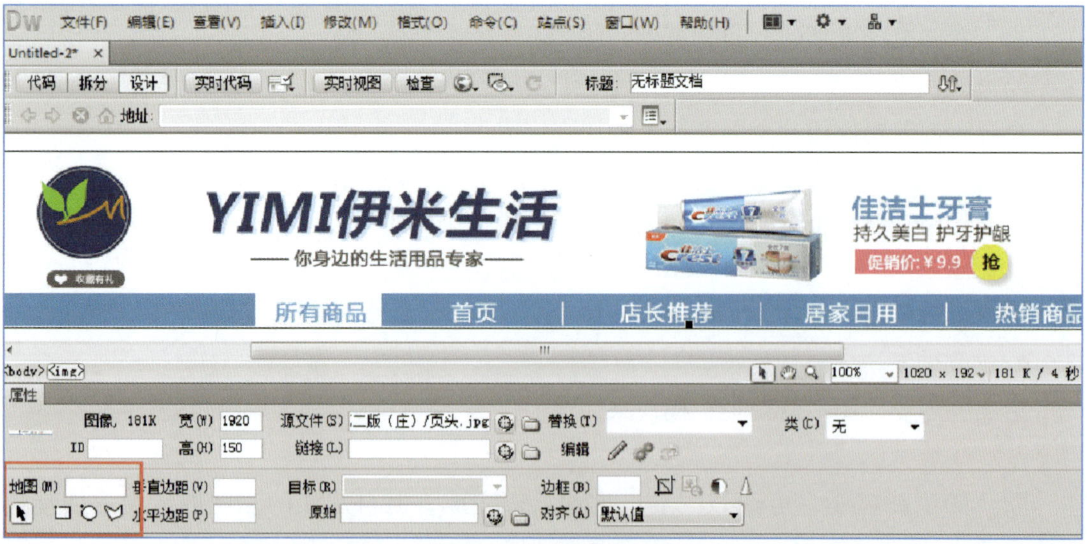

图 5－38　地图热点

（4）添加完成热点区域之后，对每个热点区域的链接进行添加，添加需要链接的目标商品或者链接对象（见图 5－39）。

文件(F) 编辑(E) 查看(V) 插入(I) 修改(M) 格式(O) 命令(C) 站点(S) 窗口(W) 帮助(H)
Untitled-2*
代码 拆分 设计 实时代码 实时视图 检查 标题: 无标题文档
地址:
YIMI伊米生活
——你身边的生活用品专家——
所有商品
首页
店长推荐
居家日用
<body> <map#Map> <area>
100% 1020 x 198
属性
热点
链接(L) https://shop61750863.taobao.cc
目标(R)
替换(T)
地图 Map

图 5－39 修改热点链接

（5）修改热点链接后，复制 <body> … </body> 中的代码（见图 5－40）。

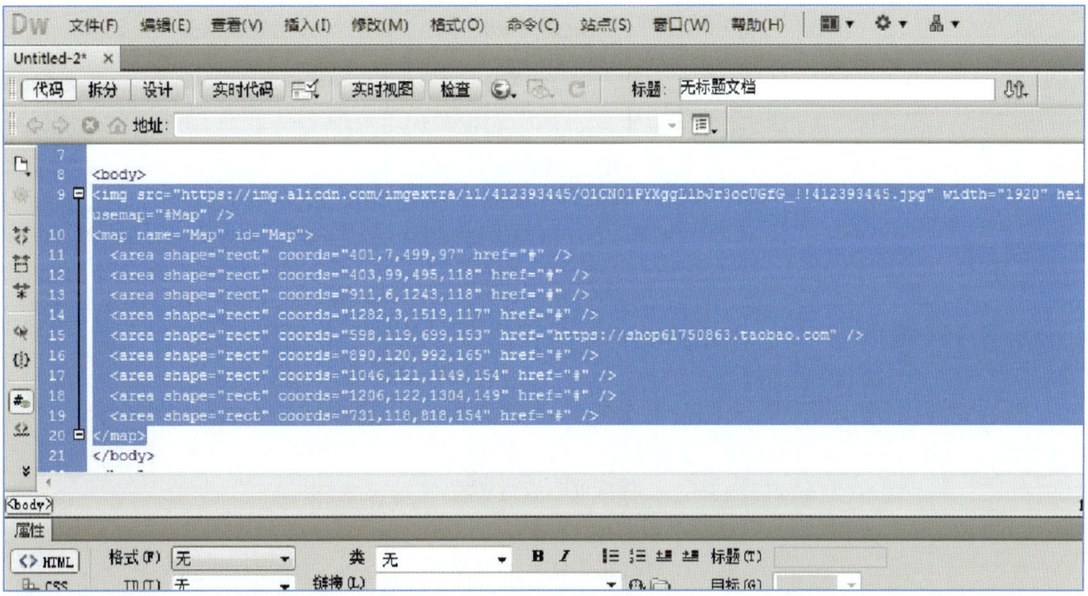
文件(F) 编辑(E) 查看(V) 插入(I) 修改(M) 格式(O) 命令(C) 站点(S) 窗口(W) 帮助(H)
Untitled-2*
代码 拆分 设计 实时代码 实时视图 检查 标题: 无标题文档
地址:
<body>
<img src="https://img.alicdn.com/imgextra/i1/412393445/O1CN01PYXggL1bJr3ocUGfG_!!412393445.jpg" width="1920" hei
usemap="#Map" />
<map name="Map" id="Map">
<area shape="rect" coords="401,7,499,97" href="#" />
<area shape="rect" coords="403,99,495,118" href="#" />
<area shape="rect" coords="911,6,1243,118" href="#" />
<area shape="rect" coords="1282,3,1519,117" href="#" />
<area shape="rect" coords="598,119,699,153" href="https://shop61750863.taobao.com" />
<area shape="rect" coords="890,120,992,165" href="#" />
<area shape="rect" coords="1046,121,1149,154" href="#" />
<area shape="rect" coords="1206,122,1304,149" href="#" />
<area shape="rect" coords="731,118,818,154" href="#" />
</map>
</body>
属性
HTML 格式(F) 无 类 无 标题(T)
链接(L) 目标(G)

图 5－40 复制代码

（6）打开店铺电脑端装修页面，编辑店招部分，将复制的代码粘贴至自定义招牌代码编辑区（见图 5－41）。

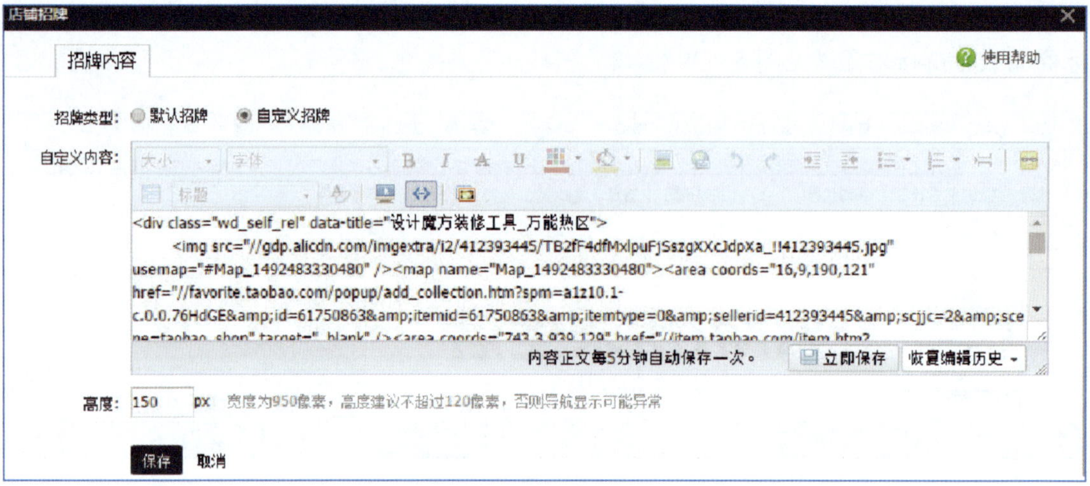

图 5－41 粘贴代码

（7）点击页头，将店招图片上传到“页头背景图”处，并关闭页头下边距 10 px（见图 5－42），保存后即可看到店招效果。

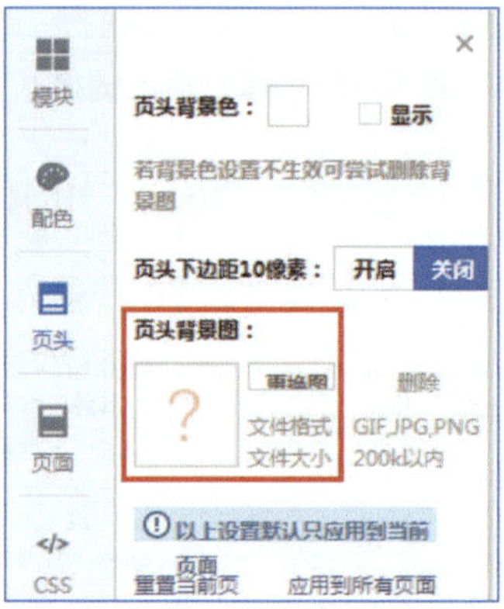

图 5－42 设置店招背景

流程计划

通过对任务的分析及首页图片的分析，制订首页上传的计划如下：

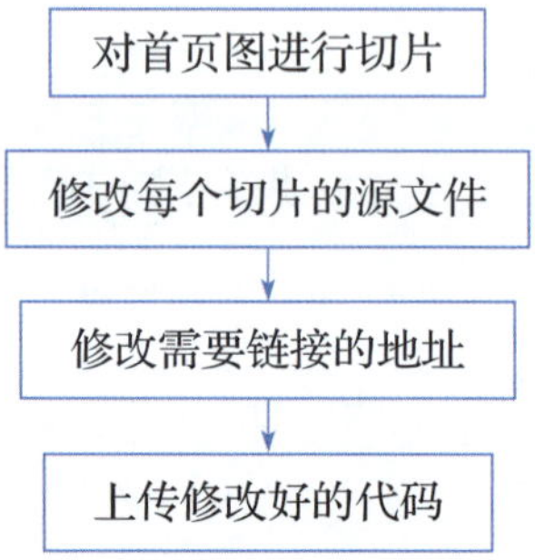

设计决策

（1）使用旺铺的模块上传，简便易操作，但有局限性，自由度不高，无法完成已设计首页的上传。

（2）使用第三方平台上传，受平台的限制，无法自由控制各模块的大小与位置。

（3）使用 Photoshop 切片的形式上传，可自由发挥，各模块的大小位置可任意调整，并且上传简单，适用于任何一个首页。

（4）本首页采用 Photoshop 切片的形式上传。

任务实施

一、首页切片

（1）使用 Photoshop 软件，将已经完成的店铺首页 jpg 图片打开。

（2）使用工具栏中的切片工具，对图片进行裁切。切片时，可使用辅助线作为参考。

（3）切片的划分如下：店招导航部分、海报部分、3 张优惠券单独切片，3 个促销活动单独切片，5 件店长推荐商品单独切片，4 件新品单独切片。切片和切片之间不要留空，以保证产生尽可能少的切片（见图 5－43）。

图 5－43　切片

（4）切片完成后，点击“文件”菜单中的“存储为 Web 和设备所用格式”子菜单。在弹出的对话框中，选择所有的切片，并设置图片格式为 jpeg。保存格式设置为“HTML 和图像”（见图 5－44）。

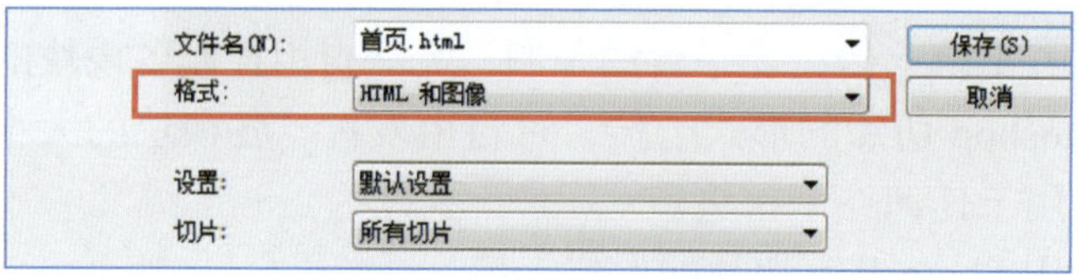

图 5－44　设置保存格式

（5）保存成功后，产生了一个 HTML 网页文件，一个包含切片图片的文件夹。

二、上传首页

（1）将切片生成的“images”图片文件夹中的图片，上传至店铺的图片空间（见图 5－45）。

图 5－45　上传切片图片

（2）使用 Dreamweaver 软件，编辑前面保存的“首页 .html”网页（见图 5－46）。

（3）修改网页中商品图片的“源文件”地址为图片空间中的图片地址（注意图片的对应），并且修改图片的“链接”地址，商品及海报图片设置为对应的商品地址，优惠券及促销活动设置为相关的链接地址（见图 5－47）。

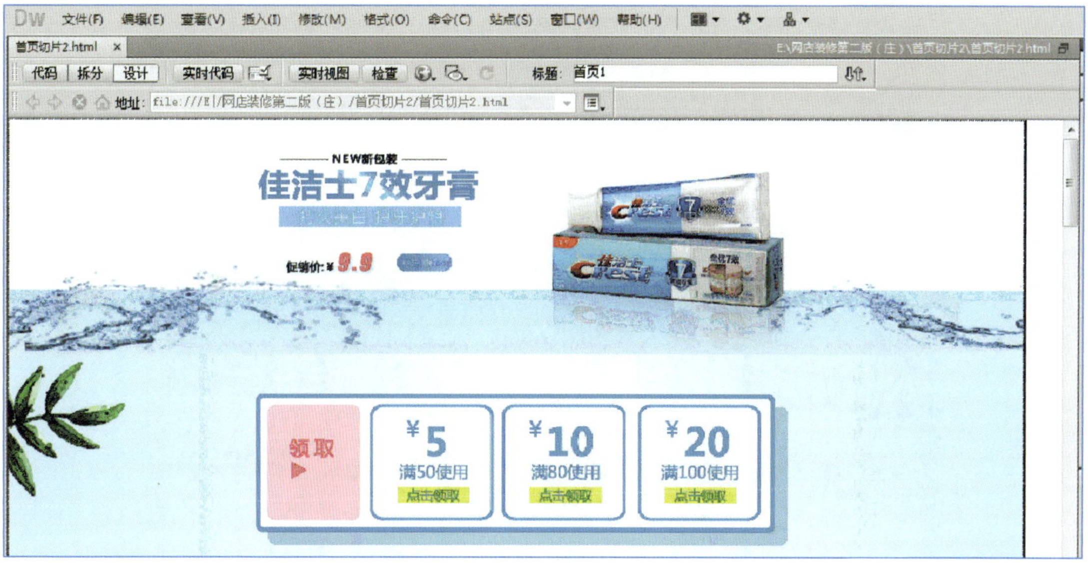

图 5－46　编辑首页网页文件

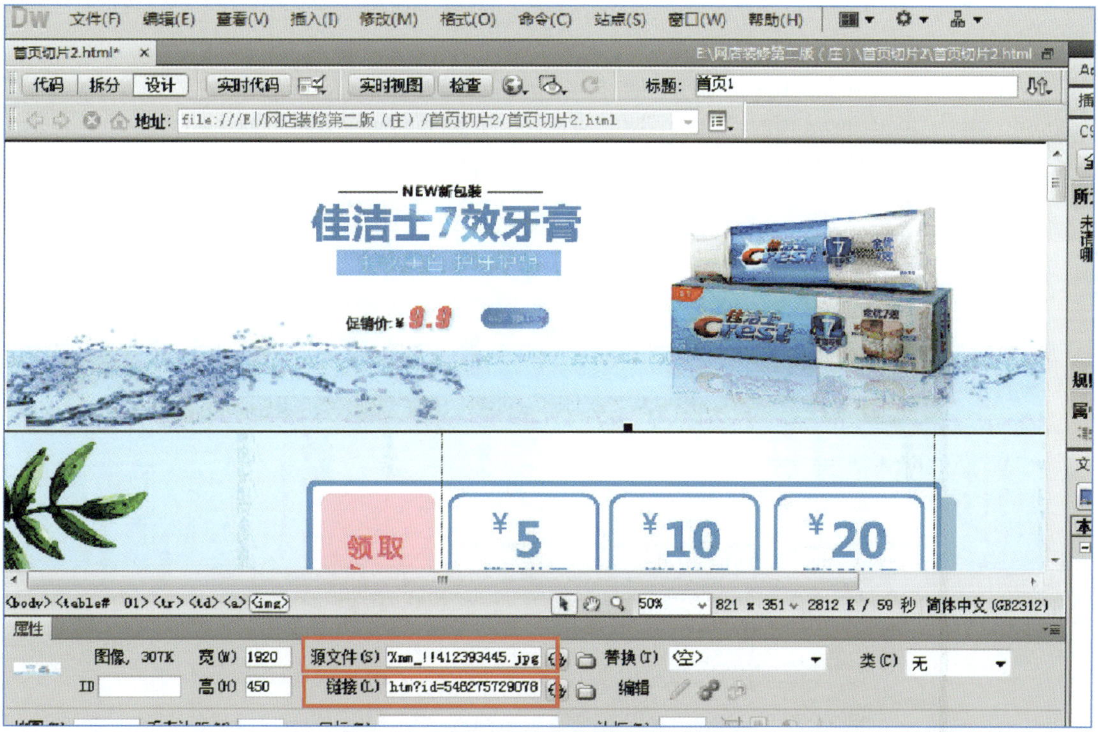

图 5－47　修改源文件与链接

（4）编辑完成后，查看该网页代码，复制 <body> 到 </body> 中间的代码（见图 5－48）。

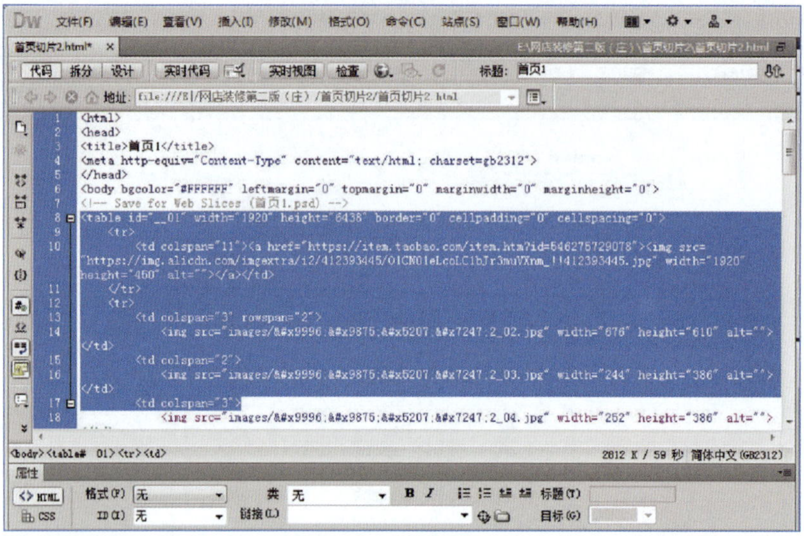

图 5－48　复制代码

（5）将复制好的代码，粘贴至下面的全屏代码中，并填入店铺首页“页面高度”“页面宽的一半”两个信息。

```
<div style="height：页面高度 px;">
<div class="footer-more-trigger" style="left:50%;top:auto;border:none;padding:0;">
<div class="footer-more-trigger" style="left:- 页面宽一半 px;top:auto;border:none;padding:0;">
……首页网页代码粘贴处……
</div>
</div>
</div>
```

（6）将加入全屏的首页网页代码粘贴至店铺首页新增的“自定义内容区”中（见图 5－49），并进行发布。

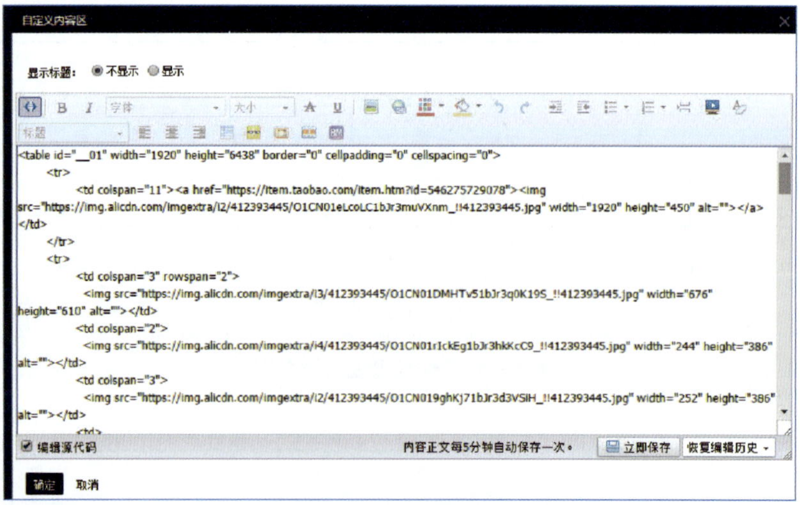

图 5－49　粘贴代码

（7）发布成功后，首页装修效果将显示在店铺里。

同步实训

任务名称	将上一任务同步实训完成的首页进行上传
任务要求	使用 DW 热点工具，完成店铺页头部分的店招及导航栏的上传 使用切片工具，完成店铺页面部分的切片以及链接的修改，并进行页面部分的上传
制作规范	完成首页内容的上传工作，注意图片之间不要留空隙，所有链接设置正确

实训笔记

记录学习过程和任务实施中的重要知识点、所需要的学习应用资源，以及老师指导任务时提出的要点。

知识要点 / 学习问题	知识点的具体解释 / 学习应用资源 / 老师指导任务要点
1.	
2.	
3.	

任务四 手机端首页设计

课前导学

1. 观看微课，熟悉实训任务和相关知识点，提出疑问
我的疑问：
2. 收集日用品行业的手机端首页，比较分析，思考手机端首页有哪些模块，有什么特点
我的观点：

知识探究

无线时代，手机端的销售占比达到店铺总销售额的 95%，因此卖家越来越注重手机端店铺的装修。

手机端首页设计

一、手机端首页设计的要求

手机端首页需要依据消费人群的喜好确定其结构风格、内容模块和商品选择，具体要求有以下几点。

1. 模块清晰，划分明确

手机端人群广，浏览速度快，而手机端屏幕小，需要模块清晰，能准确、快速地传递信息（见图 5－50）。

2. 重点突出，主次有序

手机端屏幕小，传递信息有限，而浏览速度快，因此信息传达的先后和主次非常重要。首页设计应重点突出、详略得当，避免大量信息堆积造成阅读障碍（见图 5－51）。

图 5－50　手机端首页设计模块清晰

图 5－51　手机端首页设计重点突出

3. 首屏海报一屏化

第一屏海报的设计尽量满足一屏化效果。根据市面上智能手机的屏幕大小，店铺海报为竖图较为合适（见图 5－52）。

4. 图形化和图表化展示

图片的效果大于文字，能用图片的不用文字。应避免过多文字堆积，将画面图形化和图表化，丰富细节，让人感觉清晰明了（见图 5－53）。

图 5－52　手机端首页海报一屏

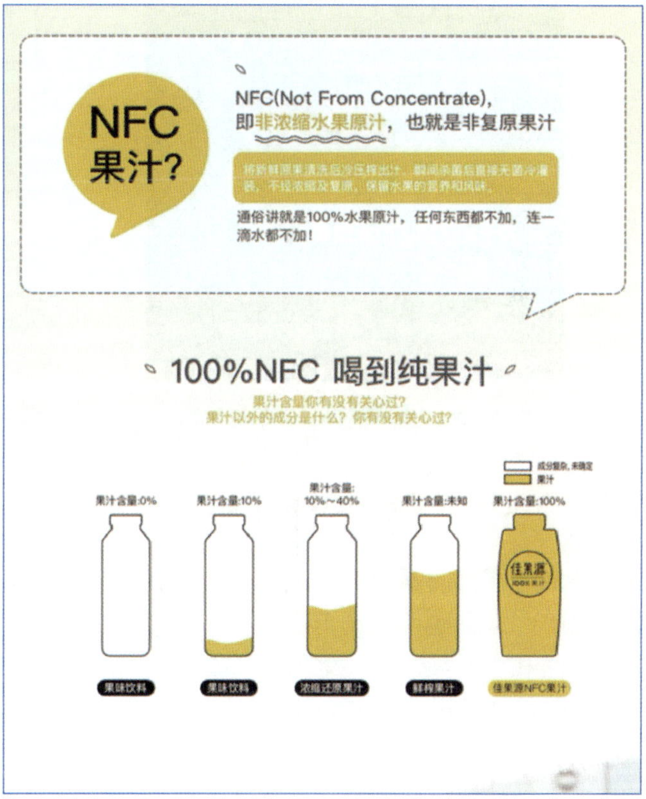

图 5－53　手机端首页图形化展示

5. 字号适中

统一画面中最大和最小文字的字号，避免画面混乱（见图 5－54）。手机屏能看清的最小文字是 18 号，看起来舒适的文字大小为 24 号。需要阅读的文字最小号为 24 号，如果内容过多，不建议小于 18 号，英文字母等不需要阅读的文字除外。

6. 语言精炼简洁

手机端首页要用最少的文字达到最大化的效果。一屏的内容不宜过多，一行内最多 4 个有用的信息（见图 5－55）。

HELLO
COFFEE LOVER
中啡
CHNFEI CAFE
从一颗小咖啡开始，中啡穿梭于世界各地
我们踏遍全球，寻找上乘阿拉比卡咖啡豆
通过数千次烘焙和杯测，将咖啡豆和烘焙工艺精妙结合
理想的呈现每一款咖啡豆特点，我们对咖啡的品质绝不妥协
为你开启啡凡灵感的健康咖啡生活
•发货须知•
• 关于北京地区发货说明
因疫情管控，北京丰台地区物流全部停发，恢复时间另行通知特殊时期，请大家做好个人防护，注意安全。
北京其他地区，物流时效不能保证，给您带来的不便敬请谅解！！！

图 5－54　手机端首页字号适中

0脂无蔗糖
美式黑咖啡 | 4盒/80条
送
可选
券后价
¥54.9
入会领券减5元
极速冷萃
冻干黑咖啡 | 1.8g/20条

图 5－55　手机端首页语言精炼简洁

二、常见的手机端首页布局

手机端首页的布局需要从消费者的角度出发，提升消费者的购物体验，从而提升店铺转化率。常见的手机端首页布局一般包含以下模块：店招、分类导航、轮播海报、促销活动区和商品展示区（见图 5－56）。手机端店铺装修常用的尺寸宽度为 1 200 px，每个手机端首页最多放 35 个系统模块。

1. 店招

手机端店铺的店招是一个无法删除和移动顺序的模块，由于系统自动模糊显示，无法准确传达信息，因此手机端店铺的店招一般不放文字信息。

2. 分类导航

手机端店铺页面高度长，导航能有效引导消费者找到所需商品，是手机端必需的模块，大部分手机端首页有两个以上导航模块。

3. 轮播海报

手机端首页寸土寸金，要在有限的范围内最大限度地向用户展示店铺优势。用轮播海报展示商品信息，可以让用户在手动或自动的轮播跳跃中，收到尽可能多的店铺或商品信息。

4. 促销活动区

包含会员活动、优惠券、满赠活动等多种优惠内容的模块，受限于手机端屏幕大小，要注重布局合理、排版清晰、主次分明、语言简洁。

图 5－56　常见的手机端首页布局

5. 商品展示区

为清晰地展示商品，一般采用单列展示或双列展示，可根据店铺的需要，选择传统的商品展示模块，或选择“千人千面”等智能功能模块。

三、手机端首页的上传

由于手机端设备具备触屏和智能功能，手机端的店铺互动营销功能和智能选择设计更为突出。因此，在装修模块的应用上与电脑端出入较大，手机端店铺应在设计样式与电脑端保持相对统一的基础上，按照所需的呈现方式和功能，灵活选择合适的模块进行上传。

手机端首页上传

新版旺铺装修增设了模块管理（见图 5－57），区别于旧版的直接应用模块上传。新版的装修步骤为：新建首页→拖入容器→创建模块→放置模块→保存页面→发布页面（类似旧版旺铺），或者，创建模块→新建首页→拖入容器→放置模块→保存页面→发布页面（全新的流程）。

页面容器（见图 5－58）中，主要分为图文类、视频类、宝贝类、营销互动类、设计师模块、已购小程序模块。

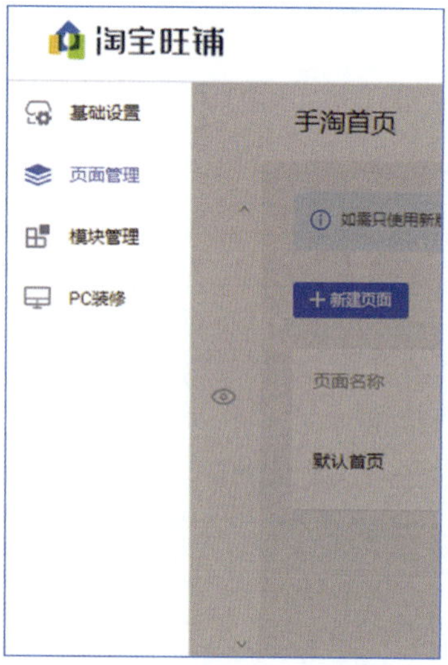

图 5－57　装修后台管理

图 5－58　页面容器

流程计划

通过对任务的分析及手机端首页设计的学习，制订手机端首页制作计划如下：

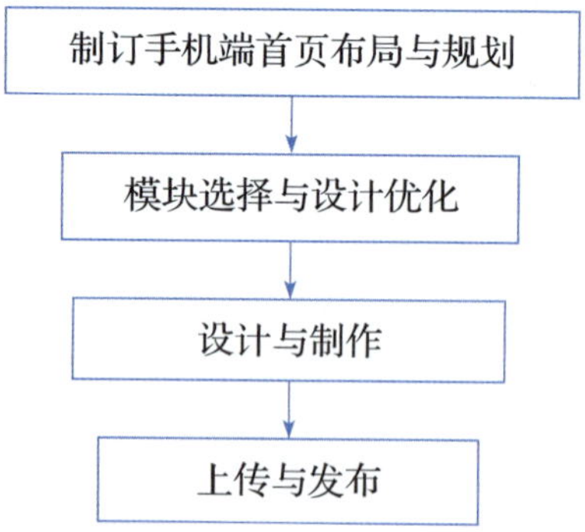

设计决策

本次的任务是为店铺 YIMI 伊米生活馆设计手机端店铺首页，根据本情境前 3 个任务完成的电脑端首页装修，手机端店铺首页布局为：店招、分类导航、轮播海报、促销活动区和产品展示区。通过对店铺的布局规划与模块分析选择得出手机端首页布局方案（见表 5－2）。

表 5－2　手机端首页布局方案

首页布局	应用模块	设计与优化
分类导航	店铺设置→分类设置	根据店铺产品分类设置分类页面
轮播海报	轮播图海报模块	采用电脑端轮播海报，修改尺寸
促销活动区	多热区切图模块	采用电脑端促销区设计，修改尺寸
产品展示区 1	单图海报模块	采用电脑端产品展示区（单列）设计，修改尺寸
产品展示区 2	智能宝贝推荐模块或系列主题宝贝模块	后台设置，无须设计

任务实施

一、设计规划

根据任务和手机端首页模块，设计手机端首页规划（见图 5－59）。

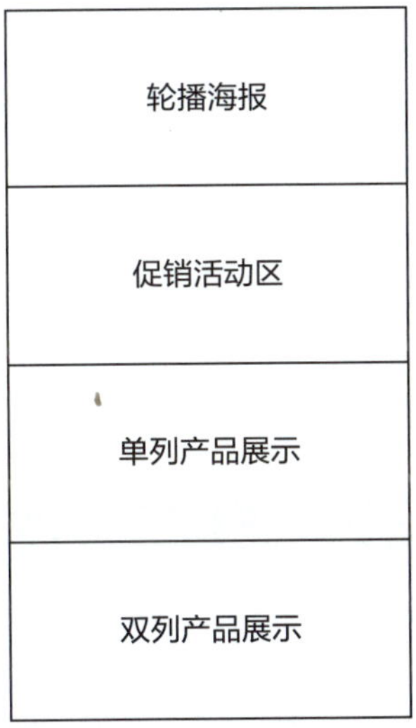

图 5－59　手机端首页规划

二、设计优化

（1）将电脑端的设计改为适合手机端设计的尺寸，以轮播海报为例（见图 5－60）。打开 Photoshop，新建一个宽为 1 200 px、高为 1 300 px 的文件，将电脑端的海报文件添加到新建 psd 文件中，改为上下排版，调整字体大小（除标题外，字体大小改为 18 ～ 24 号）。

其他模块的操作方法类似，轮播海报宽为 1 200 px、高为 1 300 px；促销活动区宽为 1 200 px，单个多热点切图模块的最大高度为 2 000 px；产品展示区 1 宽度为 1 200 px，高度不限具体尺寸。保存上传到手机端首页设计文件夹。

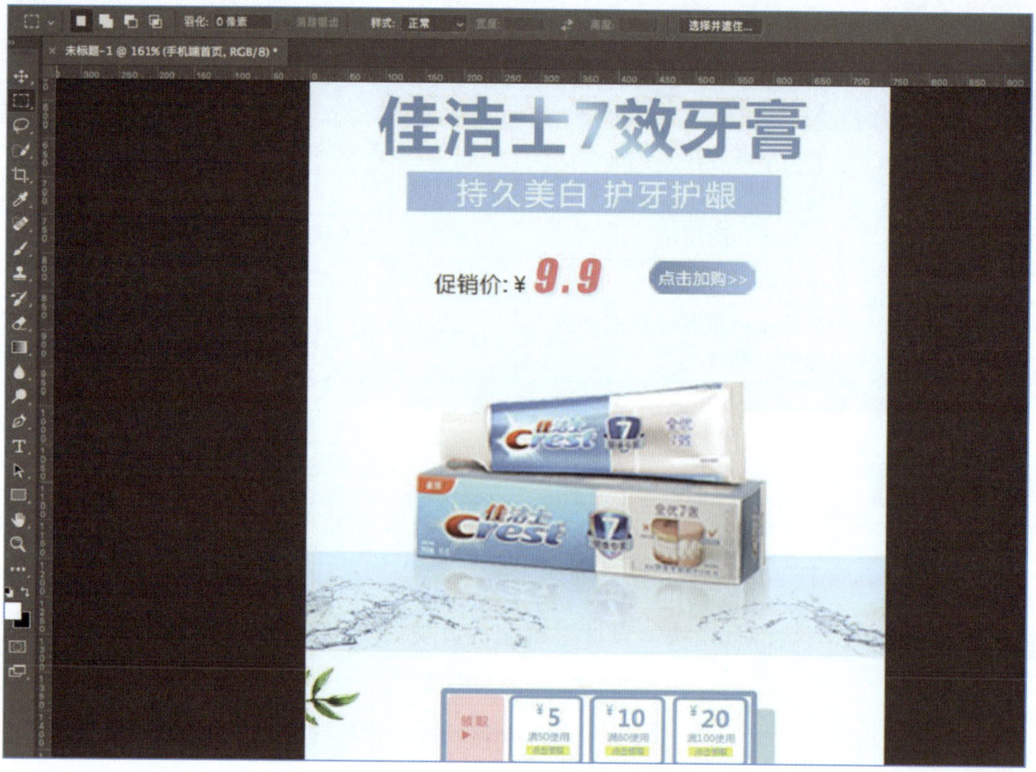

图 5－60　手机端首页的设计与优化

（2）将文件夹内的设计图上传到图片空间（见图 5－61）。

模块上传

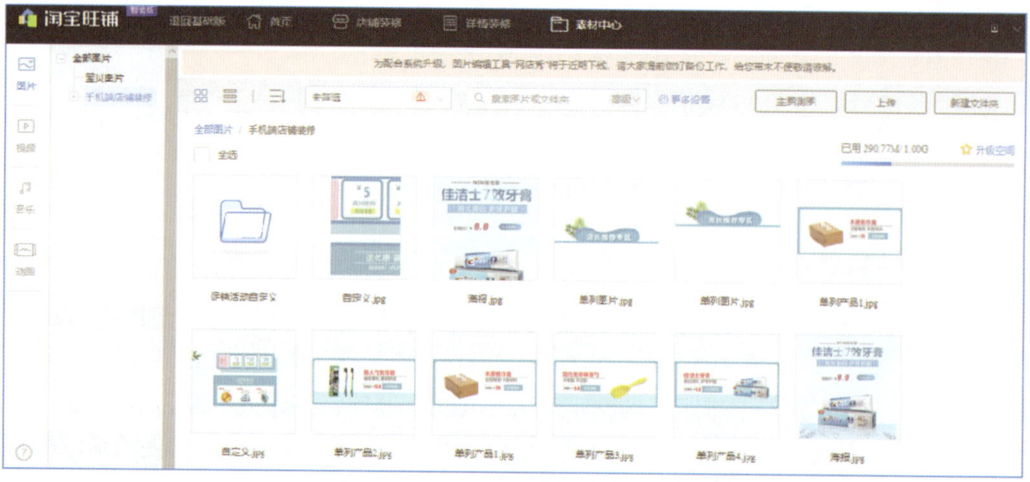

图 5－61　图片空间

同步实训

任务名称	手机端首页制作实训
任务要求	根据本任务学习的知识，结合已完成的同步实训任务的电脑端首页设计，规划设计手机端首页模块，完成小家电店铺手机端首页的设计与上传
制作规范	尺寸参照各模块的要求，版面配色协调、布局合理、商品信息突出
商品资料	1. 已完成设计的电脑端设计 psd 文件 2. 店招使用场景图或商品图 3. 店铺中已上传 10 个商品 4. 商品图 12 张
设计要求	1. 店名："小熊电器"小家电专卖店 2. 有优惠券和促销活动 3. 要有海报商品展示 1 张，店长主推商品 5 个，新品 4 个

实训笔记

记录学习过程和任务实施中的重要知识点、所需要的学习应用资源，以及老师指导任务时提出的要点。

知识要点 / 学习问题	知识点的具体解释 / 学习应用资源 / 老师指导任务要点
1.	
2.	
3.	

情境考核

考核任务：店铺首页装修设计实训

一、考核目的
了解首页装修的原则与要点，学习店铺装修的内容及设计方法和步骤，掌握电脑端和手机端首页制作和上传的方法，完成"三年二班"文体店的首页装修

续表

二、考核准备
1. 组队：以小组为单位，4～6人一组，并选出一名组长，分配好组员的工作 2. 素材：商品图片若干，场景图3张，见情境考核素材
三、考核任务
从店铺首页布局开始，完成整个店铺的视觉规划以及装修工作，店铺装修的风格结合所售商品的主营类目来定，为“三年二班”文体店设计电脑端首页和手机端首页
四、任务步骤
1. 策划电脑端首页布局 2. 制作电脑端设计首页 3. 上传电脑端首页 4. 策划手机端首页布局 5. 选择合适的模块 6. 设计优化手机端首页 7. 上传手机端首页
五、任务实施
1. 完成店铺首页的布局规划，简单画出布局图 2. 结合店标、店名与商品的分类，选择两款主推商品，完成店招与导航部分设计与制作。店招上必须包含基本的店铺信息，配色协调，布局合理 3. 选择店铺海报中的商品，确定海报文案，完成全屏海报的设计，注意颜色搭配、布局合理、主题突出 4. 结合店铺的促销活动，设计优惠券及活动区，注意内容与店铺目前的促销活动匹配 5. 选择需要推荐的5款商品及4款新上市商品，完成店长推荐及新品上市专区设计 6. 将完成的首页进行切片，完成源图片及链接的修改，并上传至店铺中
电脑端 布局规划   版面设计

续表

手机端 布局规划
版面设计

六、考核评价

评价项目	评价指标	分数	评价说明	自我评分	小组评分	教师评分
作品评价（50分）	店铺布局规划	10分	能完整规划出店铺的首页，包括各项细节内容，能设计出首页布局图，并能为手机端选择合适的模块			
	店招与导航	10分	能设计出电脑端店铺的招牌，包含店名、店标、商品、广告语等信息，色彩搭配合理、布局规范。手机端导航要符合手机端用户浏览习惯			
	全屏海报	10分	选择店铺海报中的商品，确定海报文案，完成全屏海报的设计，注意颜色搭配、布局合理、主题突出			
	优惠券及活动区	10分	结合店铺的促销活动，设计优惠券及活动区，内容与店铺目前的促销活动匹配			
	店长推荐及新品上市	5分	能完成店长推荐及新品上市的设计，并结合店铺实际运营情况推荐商品			
	首页上传	5分	能进行切片工作，完成源图片及链接的修改，并上传至店铺中			
完成态度（30分）	职业技能	10分	设计符合店铺需求，能够拓展相关知识，并通过多种形式加以展示			
	工作态度	10分	态度端正，工作积极认真			
	完成效率	10分	能在规定时间内按质按量地完成分配的任务			

续表

团队合作（20 分）	沟通分析	10 分	能主动提出问题，快捷有效地明确设计意图和需求			
	团队配合	10 分	能与相关同学良好协作，共同完成工作			
计分						
总分（按自我评分 20%、小组评分 30%、教师评分 50% 计算）						
七、学习心得						

拓展训练

通过对本情境的学习，请你为自己的店铺完成电脑端及手机端首页设计并上传。

学习情境六　自定义页面装修

快节奏的网络生活将我们带入了“互联网读图时代”，一个优秀的自定义页面能将商品信息和店铺实力很好地传达给顾客。店铺的自定义页面打破了常规页面的局限，给卖家带来了更多的可操作性，越来越多的卖家通过发挥自定义页面的创意来展示店铺的独特性。同时，店铺自定义页面对促进顾客下单购买也起着尤为关键的作用。

学习目标

- 了解自定义页面装修的基础理论知识
- 掌握自定义页面的设计方法
- 掌握自定义页面的上传方法

情境引入

由于年货节活动即将到来，设计部主管陈明发出如下所示的任务单，要求制作年货节活动的自定义页面。通过对任务单的分析，可以分成策划自定义页面、设计自定义页面、上传自定义页面三个子任务。

<table>
<tr><td rowspan="2">任务指派人</td><td rowspan="2">陈明</td><td>发出日期</td><td></td></tr>
<tr><td>完成日期 / 时间</td><td></td></tr>
<tr><td>任务名称</td><td colspan="3">年货节活动自定义页面装修</td></tr>
</table>

续表

任务用途	首页 □	主题独立页 ☑	官方承接页 □
	主图 □	直通车图 □	钻展图 □
	详情基础优化 □	详情深度优化 □	
	官方引流图 □	主题广告图 □	新品上新 □
	常规活动营销策划 □	主题活动策划 ☑	大型活动策划 □
	商品运营策划 □		
	其他：		
任务要求	年货节促销活动将至，为 YIMI 生活日用品店制作一个年货节活动自定义页面 1. 整体要求： （1）活动主题醒目、排版美观、视觉冲击力强、大气上档次，让消费者有信任感 （2）页面逻辑清晰，优惠信息明显，能发挥引导购买作用 2. 营销策略： （1）优惠券：满 50 减 5 元，满 100 减 10 元，满 300 减 50 元 （2）前 2 名免单商品：抽纸、保温玻璃杯 （3）五折抢购商品：牙膏、纸巾筒、纸巾盒、洗发水 （4）八折回馈商品：饭盒、纸手帕、洗脸毛巾、玻璃杯、筷子套装、洗洁精		
风格偏好	□普通简洁，中规中矩　　□大气简约，商业气息浓 □古典文化，怀旧经典　　□年轻时尚，青春活力，另类 □热烈奔放，充满情趣　　☑ 其他：鲜亮活泼，主题气氛强烈		
制作规范	以自定义页面尺寸规格为准，jpg 格式		
自我检查	确认签名：		
组长检查	确认签名：		
验收人	确认签名：		

任务一 自定义页面策划

课前导学

1. 观看微课，熟悉实训任务和相关知识点，提出疑问
我的疑问：
2. 搜索店铺的自定义页面，比较分析，思考自定义页面有哪些类别，包含哪些内容
我的观点：

知识探究

一、认识自定义页面

自定义页面又称二级页面，是网店装修中的一个独立页面，目前电脑端和手机端的网店装修后台均可根据需求增添数量不限的自定义页面。自定义页面是卖家围绕某个主题焦点的一个内容聚合页，一般是文案、图片、视频等多种组合优化后的页面，再配合商品详情信息、活动优惠信息等链接，增加页面的访问深度，也起到页面关联和购物引导的作用。

自定义页面策划

二、自定义页面的主要类型

1. 活动专题页面

在电子商务时代，一年中几乎有三分之二的时间卖家都在推出各种各样的网店促销活动。为了吸引消费者的注意力和兴趣，增加消费者的参与感，卖家通常会设计制作活动专题页面。

活动专题页面（见图 6-1、图 6-2）是卖家围绕网店促销活动的主题，结合店内的优惠信息，以图文组合形式给消费者详细地展示促销详细内容。活动专题页面设计常以鲜艳夺目的配色、别具一格的排版设计来制造热烈的营销气氛，从而提高消费者的关注度。

图 6－1 “女王节”活动专题页面

图 6－2 年货节活动专题页面

2. 品牌介绍页面

为了消除消费者的购买疑虑，提高消费者的信任感，卖家会添加品牌介绍页面来传播企业精神和品牌文化，从而提高品牌信服力，树立良好的企业形象，让消费者觉得品牌质量可靠，使店铺获得消费者的认可。

品牌介绍页面的基本内容

3. 会员活动页面

会员活动页面（见图 6－3）主要向消费者介绍会员积分的价值，展现会员权益活动的内容。卖家常常定期推出会员权益活动，主要目的是增加会员活动度、提高会员忠诚度、激发会员购买欲望，同时吸引新的消费者加入会员，引导新会员参与活动，以此提升店铺转化率。

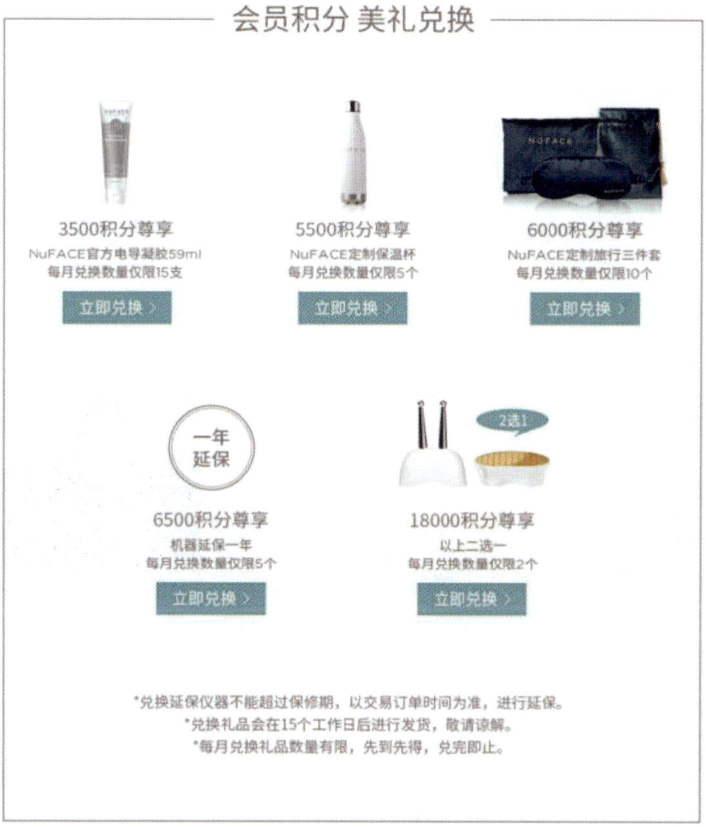

图 6－3　会员活动页面

4. 售后服务页面

售后服务页面（见图 6－4）主要向消费者展示网店的发货收货服务、退换货服务、安装服务、保修维修服务等一系列细致的售后服务信息。展示完备的售后服务体系，就是给消费者保证店铺会全力地解决售后问题，无论是退换货还是安装维修等，店铺都会做到及时迅捷、服务到位、热情规范，让消费者满意。一套完整的售后服务体系不仅可以体现店铺的综合实力，还能让消费者放心购买店铺的商品。

图 6-4　售后服务页面

三、自定义页面的作用

1. 加深消费者访问深度

正常经营的网店每天都会引导一定的流量到店，但到店的流量能有多少访问深度才是卖家最为关注的。为了满足已到店消费者的不同需求，卖家需要通过规划网店首页与自定义页面之间的联系，从而增加消费者的停留时间。

以某旗舰店“春季火拼周活动”期间的手机端网店页面构造为例，消费者从首页的首屏海报（见图 6-5）进入“春季火拼周”聚划算活动专题页面（见图 6-6）后，再根据各自的需求分别进入新的二级页面：产品展示页面（见图 6-7）和抽奖活动专题页面（见图 6-8）。通过这些页面可以看出该店铺充分地规划页面之间的关联，疏导引流，满足不同消费者的需求，从而降低了店铺跳失率且加深了消费者的访问深度。

图 6－5　首页的首屏海报

图 6－6　“聚划算”活动专题页面

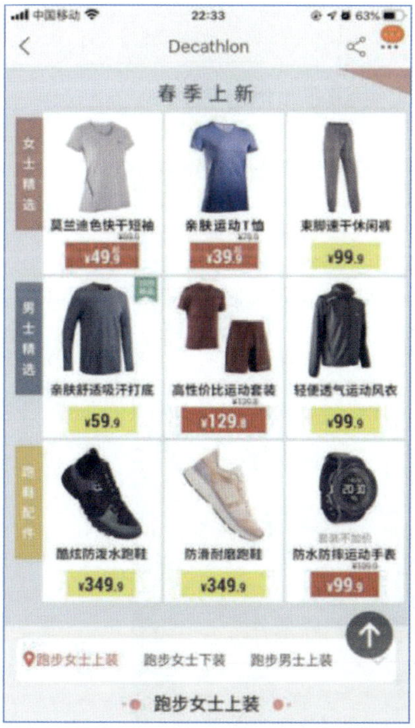

图 6－7　产品展示页面

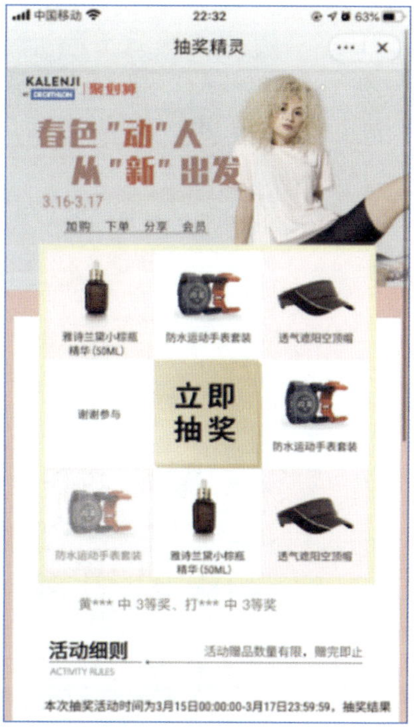

图 6－8　抽奖活动专题页面

2. 提高店铺转化率

在互联网时代，人们的喜好变化越来越快。为了获得消费者的关注，卖家会定期设计各种主题的活动专题页面，通过有效的视觉设计，突出优惠力度，促使消费者下单，进而提升店铺的转化率。

例如，品牌介绍页面和售后服务页面虽然没有促销的紧迫感，但却起到塑造良好的企业品牌形象和让消费者感受到贴心售后服务的作用，从而提升了消费者对企业的好感度，打消了消费者的购买疑虑，有利于店铺的转化。

3. 提升消费者黏度

店铺回头率是影响店铺权重的重要因素之一，所以卖家都十分关注会员关系维护。为了促进消费者频繁光顾，卖家可以实行会员等级制度，定期推出 VIP 会员活动。利用会员活动页面推广宣传店铺会员福利，不但能吸引越来越多的新消费者成为店铺会员，也可以大大地增加会员复购率，从而提升消费者黏度。

四、自定义页面的布局

为了保证自定义页面可以吸引消费者一直逛下去，并唤起其购买欲，卖家在策划自定义页面时必须保证页面视觉表现形式的合理性。虽然现在很多店铺的自定义页面呈现出各种别具风格的样式，但实际上它们的基本框架和组成部分都是有共性的。

一般来说，无论哪种类型的自定义页面，都由四大部分组成：头部 Banner 图 + 楼层模块（至少一个）+ 背景 + 氛围点缀物。如图 6－9 所示。

图 6－9　自定义页面的布局组成

其中，“楼层模块”的数量根据网店的运营方案内容来确定。以某店铺电脑端“双旦礼遇季”活动专题页面为例（见图 6－10），其布局为：双旦礼遇季 Banner 图、优惠券楼层模块、活动主推产品楼层模块、明星单品楼层模块。再如某店铺手机端会员活动页面（见图 6－11），其布局为：会员日 Banner 图、会员分享抽奖活动楼层模块。自定义页面布局中的楼层模块没有数量的硬性要求，只要能满足页面信息的传达需求，给予消费者良好的体验感即可。

图 6－10　电脑端“双旦礼遇季”活动专题页面

图 6－11　手机端会员活动页面

流程计划

通过对任务的分析及自定义页面策划的学习，制订自定义页面策划计划如下：

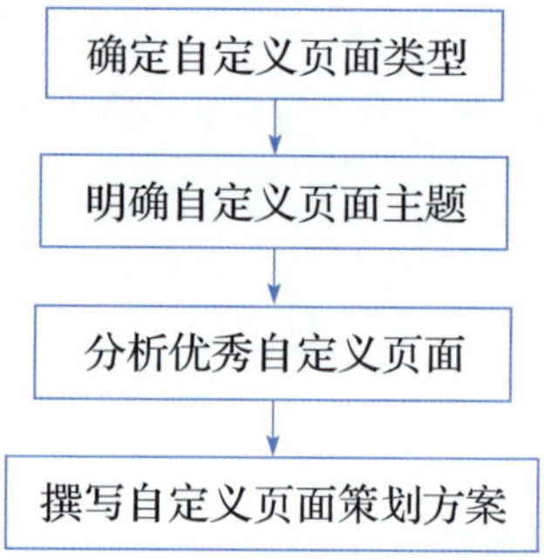

设计决策

一、确定自定义页面类型

本次任务是为店铺推广宣传的“年货节”促销活动设计自定义页面，根据自定义页面的类型定义，可确定该页面为活动专题页面类型。

二、明确自定义页面主题

仔细分析年货节活动营销策划方案，页面主题是围绕年货节促销活动开展的，故“年货节”为主题核心。为了让页面的主题标语更打动人心，可以结合店铺产品属性进行构思，因该店铺是一家专营生活日用品的网店，所以最后确定自定义页面的主题为“年货家居好礼购”。

三、分析优秀自定义页面

分析知名电商网店的优秀自定义页面，了解其活动专题页面的布局，为自定义页面方案策划做好准备。

四、撰写自定义页面策划方案

根据自定义页面的布局组成要求，在撰写策划方案前需明确楼层模块的数量以及内容。结合本次自定义页面的任务单内容，可确定该页面布局中的楼层模块共 4 个，分别为：优惠券模块、免单活动模块、五折抢购模块、八折回馈模块。

任务实施

（1）打开 Excel，新建文档，文件名为“ YIMI 伊米生活日用品店年货节活动自定义页面策划书”。

（2）输入自定义页面的策划内容，如图 6 - 12 所示。

YIMI伊米生活日用品店年货节活动自定义页面策划书	
页面类型	活动专题页面
页面主题	年货家居好礼购
页面布局	**头图Banner图** 主题：年货家居好礼购 **优惠券楼层模块** 满50减5元，满100减10元，满300减50元 **免单活动楼层模块** 参与活动商品：抽纸、保温玻璃杯 **五折抢购楼层模块** 参与活动商品：牙膏、纸巾筒、纸巾盒、洗发水 **八折回馈楼层模块** 参与活动商品：饭盒、纸手帕、洗脸毛巾、玻璃杯、筷子套装、洗洁精

图 6－12　YIMI 伊米生活日用品店年货节活动自定义页面策划书

（3）保存文档。

同步实训

任务名称	为网店策划会员活动页
任务要求	某电器网店已开张五周年，为回馈会员，该店铺策划了“五周年会员日”活动，故需要为店铺制作一张网店会员活动页，请你根据营销策略资料，策划该会员活动页的方案
营销策略	1. 分享抽奖活动 分享店铺给 3 位好友即可获得一次抽奖机会 2. 明星单品会员 8.8 折购： （1）网红懒人锅（原价 180 元）　（2）北欧风烤箱（原价 280 元） （3）多功能养生壶（原价 140 元）（4）迷你电饭煲（原价 220 元） 3. 积分兑换乐园 （1）优惠券兑换：99 积分兑换 3 元优惠券；199 积分兑换 5 元优惠券；299 积分兑换 9 元优惠券 （2）礼品兑换：1 900 积分兑换红糖养生茶；2 900 积分兑换樱花碗四件套；3 900 积分兑换小熊公仔 （3）产品兑换：18 999 积分兑换加湿器；25 999 积分兑换养生壶 4. 注册会员入口
会员活动页策划方案	1. 页面类型 2. 页面主题 3. 页面布局

实训笔记

记录学习过程和任务实施中的重要知识点、所需要的学习应用资源，以及老师指导任务时提出的要点。

知识要点 / 学习问题	知识点的具体解释 / 学习应用资源 / 老师指导任务要点
1.	
2.	
3.	

任务二 自定义页面设计

课前导学

1. 观看微课，熟悉实训任务和相关知识点，提出疑问
我的疑问：
2. 搜索网店的自定义页面，比较分析，思考自定义页面有哪些配色组合，有哪些排版样式
我的观点：

知识探究

一、自定义页面的常见尺寸

由于电脑和手机的屏幕大小不同，电脑端和手机端的自定义页面尺寸有所不同。

自定义页面设计

1. 电脑端自定义页面的尺寸

宽：950/1 920 px。

高：3 000 ～ 6 000 px（仅建议，具体根据页面内容决定）。

2. 手机端自定义页面的尺寸

宽：640/750 px（根据手机端装修后台的不同模块尺寸限制决定）。

高：1 500 ～ 5 000 px（仅建议，具体根据页面内容决定）。

二、自定义页面的设计原则

1. 首尾呼应

在设计自定义页面时，基本都是按从上往下、从框架搭建到细化细节的流程顺序进行的。在这个过程中，需要至少一个主要元素贯穿整体页面。这里是指页面头部和尾部的元素要做到首尾呼应，从而构成整张自定义页面的视觉焦点。

如图 6-13 所示，该页面头部 Banner 图和尾部都利用了“绿叶”元素，实现了页面的首尾呼应，使得页面看起来更和谐。

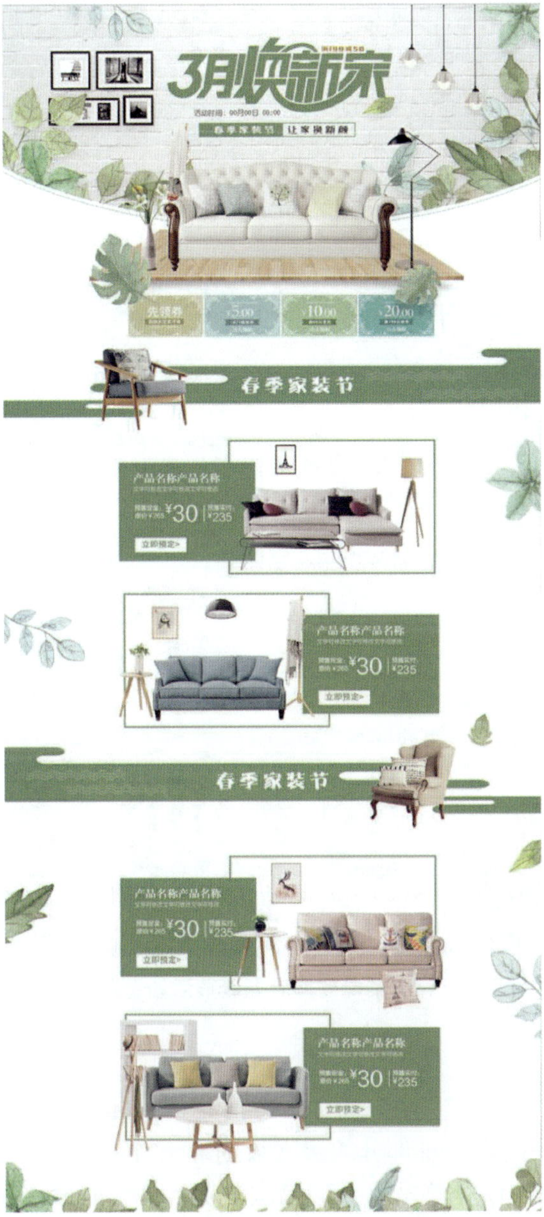

图 6-13　某家具网店活动专题页面

2. 协调统一

保持页面视觉统一有利于店铺在消费者心中留下印象，避免被消费者遗忘。所谓页面协调统一，是指要保证页面里的模特、文案、点缀物、各种颜色、布局排版以及所有这些元素汇聚在一起所组成的是同一种风格，从而达成视觉协调统一的目的，如图 6－14 所示。

图 6－14　某电器网店圣诞节活动专题页面

3. 层次分明

自定义页面的层次主要涉及两方面，一方面是信息的层次级别有主次之分，如从头部 Banner 图到楼层模块内容信息部分的层次级别，一目了然的层级关系能给消费者带来舒适的阅读体验；另一方面是整个页面的层次节奏，如空间层次中的近景、中景、远景等，借此使页面看起来更立体，更有吸引力，如图 6－15 所示。

图 6-15　某零食网店“双 11”活动专题页面

三、自定义页面的色彩搭配

根据自定义内容的需要，采用适合的色彩搭配，能准确地表达出相应的主题内涵。充分运用色彩的不同特性，可以提升自定义页面的档次品味，牢牢吸引消费者的眼球。

自定义页面的色彩搭配

四、自定义页面的排版形式

自定义页面的排版形式多种多样，请扫码阅读。

自定义页面的排版形式

五、自定义页面的点缀元素

点缀元素的应用较多地出现在活动专题页面或者会员活动页面，设计时在页面背景上适当地增加点缀元素能有效地烘托主题、活跃气氛，比空白干净的背景更有吸引力。

增加点缀元素的时候需要考虑是否与节日主题相匹配，在页面中加入一些与主题吻合的点缀元素，会让消费者在浏览页面时更有代入感。常见节日主题的点缀元素如表 6－1 所示。

表 6－1　常见节日主题的点缀元素

节日	点缀元素
春节	灯笼、对联、烟花、红包、中国结、书法字体
端午节	粽子、龙舟、竹、山水、水墨
七夕节	爱心、丝带、巧克力、手捧花、情书、花瓣、蝴蝶结
中秋节	月亮、月饼、玉兔、灯笼、夜空

流程计划

通过对任务的分析及自定义页面设计的学习，制订自定义页面设计计划如下：

分析策划方案
↓
明确风格、配色、排版、点缀物、字体
↓
收集相关素材
↓
Photoshop制作自定义页面

设计决策

一、分析策划方案

根据策划方案得知：

（1）本次任务所设计的自定义页面类型为活动主题页面，此类页面要求主题鲜明、活动氛围浓厚，且其包含的促销信息较多，所以在设计时须突出不同的促销活动信息，最大化地满足不同消费者的优惠需求。

（2）页面主题为：年货家居好礼购。从这里可提取的信息有：活动背景对应的节日是春节，店铺类目是生活用品类。春节的节日特征是欢庆喜悦，生活用品类的特征则是给人温暖温馨的感觉。通过主题标语“好礼购”字样可知店铺希望消费者在浏览页面时能将本店商品和赠送亲戚朋友的年货礼物联系在一起，从而萌生购买欲望。

（3）从页面的布局规划图可知，除了头部 Banner 图外，楼层模块一共有 4 个，分别对应的促销活动是：优惠券、免单活动、五折抢购、八折回馈。该页面容纳的优惠信息较多，故在设计时尽量使用统一协调的配色和元素，把多个优惠活动连接一起，让活动主题贯穿页面。

二、明确风格、配色、排版、点缀物、字体

（1）风格：根据策划书的分析，初定 YIMI 生活日用品店年货节活动专题页面设计风格以喜庆、热闹、动感为主。

（2）配色：选取暖色为主色调，再结合节日代表色，最终敲定页面色彩为红色、金黄色，营造活泼热闹的氛围。

（3）排版：因优惠活动和参与活动的商品较多，页面排版采用常规楼层形（局部自由排版）的形式。

（4）点缀物：本任务的页面主题为年货节，页面中可加入灯笼、烟花爆竹、红包等具有春节特色的点缀元素。

（5）字体：头部 Banner 图的主标题字体选用传统韵律感比较强的叶根友毛笔行书，与春节活动背景相呼应。小标题和正文部分选用微软雅黑字体。

三、收集相关素材

（1）初定：灯笼、福袋、祥云图案、红色屋檐、烟花、祥云。

（2）素材来源：通过到百度图片或各大设计网站搜索下载素材。推荐设计网站有：花瓣网、千图网、包图网等。

任务实施

（1）收集所需的页面设计素材，如图 6－16～图 6－22 所示。

图 6－16　头部 Banner 图背景

图 6－17　灯笼

图 6－18　福袋

图 6－19　祥云图案

图 6－20　红色屋檐

图 6－21　烟花

图 6－22　祥云

（2）打开 Photoshop 软件，新建一个 750 × 4 000 px 的文件。上传该页面时将采用美颜切图模块，该模块的宽度要求是 750 px。高度先设定一个值，这里设置 4 000 px，如果后面发现高度不够，可以增加画布；如果高度过高，可以用裁切的方法裁掉多余部分。

（3）头部 Banner 图设计（见图 6－23）：添加头部 Banner 图背景，使用叶根友毛笔行书字体设计主题文案。为了烘托春节氛围分别添加灯笼、祥云图案、福袋等元素，同时在 Banner 图上摆放参加本次促销活动的商品，目的是希望消费者一进入活动专题页面就能感受到本次促销的热度，从而激发其购物欲望。

图 6-23 头部 Banner 图设计

（4）优惠券模块设计（见图 6-24）：优惠券模块的导航条两边增加小祥云元素呼应主题。3 张优惠券并排呈现，每张优惠券使用具有中国风的纹理背景，确保每个细节元素都能与年货节主题相吻合。

图 6-24 优惠券模块设计

（5）免单活动模块设计（见图 6-25）：免单活动模块的导航条两边增加大祥云元素，两个免单商品左右并列摆放，通过加粗字体突出“前两名免单”及“特价 ¥9.9”的超低价优惠信息。

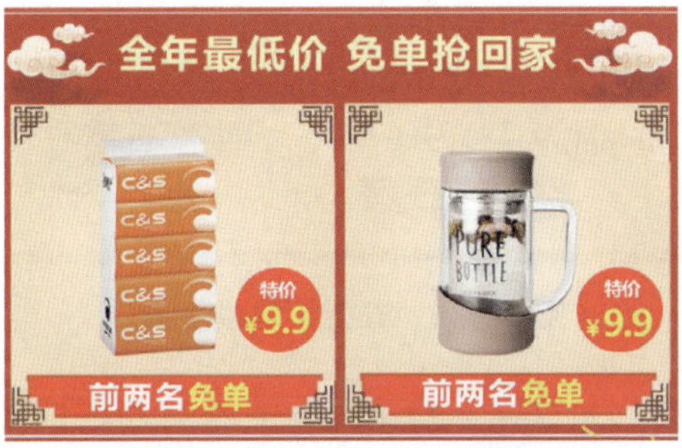

图 6-25 免单活动模块设计

（6）五折抢购模块设计（见图 6-26）：五折抢购模块是本次活动最有诚意的促销，

也是本次活动主推的折扣商品。在导航条两边增添烟花元素，用红色屋檐元素作为背景，呈现参加五折抢购活动的商品。为了突出每件活动商品的卖点和折扣价格，采用上下并列、图文左右交替的摆放形式。

图 6－26　五折抢购模块设计

（7）八折回馈模块设计（见图 6－27）：由于参与八折回馈活动的商品比较多，所以这个模块采用左右并列的形式摆放商品。

图 6-27　八折回馈模块设计

（8）分别保存文档为 psd 格式和 jpg 格式。最终的 YIMI 伊米生活日用品店年货节活动专题页面如图 6-28 所示。

图 6－28　YIMI 伊米生活日用品店年货节活动专题页面

同步实训

任务名称	为网店设计会员活动页
任务要求	把任务一同步实训的自定义页面策划方案设计成图片
制作规范	宽 1 920 px，高 2 500 px 以上，jpg 格式
营销策略	1. 分享抽奖活动 分享店铺给 3 位好友即可获得一次抽奖机会 2. 明星单品会员 8.8 折购： （1）网红懒人锅（原价 180 元）（2）北欧风烤箱（原价 280 元） （3）多功能养生壶（原价 140 元）（4）迷你电饭煲（原价 220 元） 3. 积分兑换乐园 （1）优惠券兑换：99 积分兑换 3 元优惠券；199 积分兑换 5 元优惠券；299 积分兑换 9 元优惠券 （2）礼品兑换：1 900 积分兑换红糖养生茶；2 900 积分兑换樱花碗四件套；3 900 积分兑换小熊公仔 （3）产品兑换：18 999 积分兑换加湿器；25 999 积分兑换养生壶 4. 注册会员入口
会员活动页设计	1. 页面风格 2. 页面色调 3. 页面排版形式 4. 页面点缀物 5. 页面字体 6. 页面设计图

实训笔记

记录学习过程和任务实施中的重要知识点、所需要的学习应用资源，以及老师指导任务时提出的要点。

知识要点 / 学习问题	知识点的具体解释 / 学习应用资源 / 老师指导任务要点
1.	
2.	
3.	

任务三 自定义页面上传

课前导学

1. 观看微课，熟悉实训任务和相关知识点，提出疑问
我的疑问：
2. 观察网店装修后台，思考电脑端和手机端的自定义页面上传模块分别有哪些功能
我的观点：

知识探究

一、电脑端自定义页面的上传

自定义页面上传

电脑端的自定义页面和首页的装修基础模块大同小异，所以两者的上传步骤大致相同。值得一提的是，在智能版的电脑端装修平台中，自定义页面的某些基础模块新增了同步功能。如图 6－29 所示，宝贝推荐模块、全屏宽图模块、双列图片模块、文本链接模块、图文模块、文本模块、多端轮播模块、全屏轮播模块均能实现电脑端和手机端的同步效果。但目前智能版的同步功能只支持电脑端自定义页面自动同步生成手机自定义页面，不支持从手机端同步到电脑端。

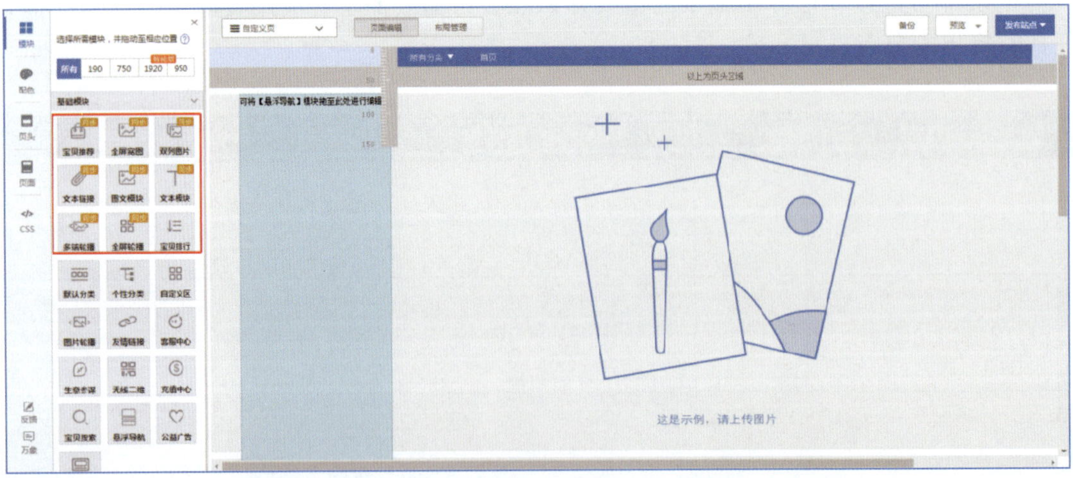

图 6－29　智能版电脑端装修平台中自定义页面的上传界面

二、手机端自定义页面的上传

手机端的自定义页面和首页的装修模块大致相同，但是常规的基础模块有固定的尺寸要求，以及这些模块只能实现一张图对应一个热区链接，对于那些想要实现手机端页面差异化与创意化的店铺来说有一定的设计约束。然而，智能版的手机端装修平台中新增了美颜切图模块，该模块能够帮助卖家实现页面的自由排版布局以及一图多热区链接的设置。

美颜切图模块的图片宽度要求 750 px，高度最小 335 px、最大 2 500 px，一个页面最多可以添加 25 个美颜切图模块（见图 6－30），且一个切图模块可以添加多个大小范围不一的热区链接（见图 6－31）。美颜切图模块还能选择隐藏模块下方的白色间隙，从而实现页面的无缝连接，增加了卖家在自定义页面发挥无限创意的可能性。

图 6－30　美颜切图模块

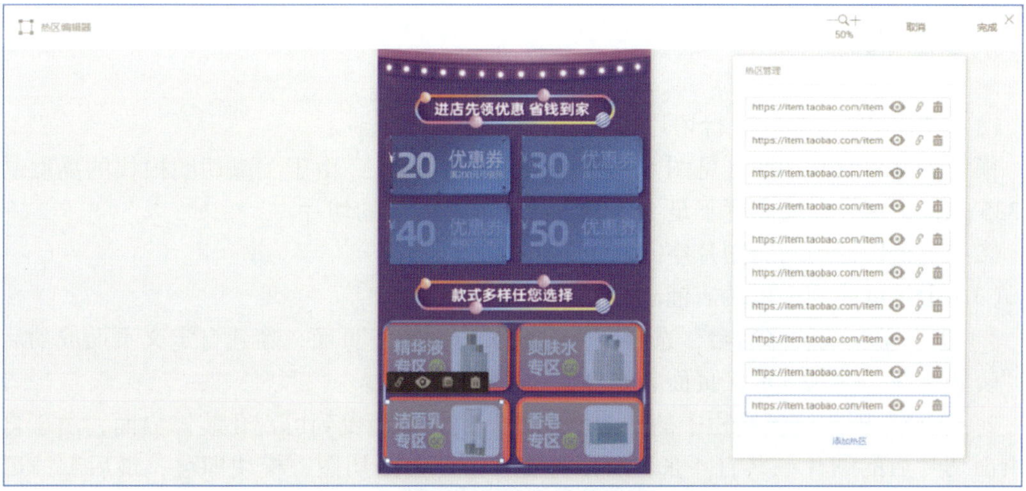

图 6－31　美颜切图模块热区编辑器页面

流程计划

设计好自定义页面后，进行切图上传，制订计划如下：

使用Photoshop切片工具切图
↓
上传到图片空间
↓
确定自定义页面的上传方法
↓
上传到店铺

设计决策

一、使用 Photoshop 切片工具切图

YIMI 生活日用品店年货节活动专题页涵盖优惠活动信息较多，也就意味着需添加的热区链接也相应较多。在切片前确定热区链接数量一共有 15 个，切片时切忌把同一个热区链接分开。

二、确定自定义页面的上传方法

本次任务的活动专题页是放在手机端店铺中，且该页面的热区链接比较多。根据所学知识，智能版手机端装修中的美颜切图模块能实现页面的自由排版布局和单图对应多热区链接的效果，故选择美颜切图模块上传本次任务的活动专题页面比较合适。

任务实施

（1）使用 Photoshop 进行切片。

模块分别单独切出来（见图 6－32）。值得注意的是，由于美颜切图模块的高度最小为 335 px，优惠券模块高度不足 335 px，故不能作单独的切片。

（2）上传切片到网店图片空间。

（3）上传页面到手机端店铺。

1）进入无线端装修后台，选择“自定义页”并新建页面，新建自定义页面成功后点击“装修页面”进入自定义页面装修界面（见图 6－33）。

2）选择左侧装修模块栏中的“美颜切图”模块并拖曳到可视化装修界面，由于自定义页面切片后的图片一共有 4 张，所以拖曳 4 个“美颜切图”模块即可，最后删掉可视化装修界面中原始状态下的几个基础模块（见图 6－34）。

图 6 - 32　切片

图 6 - 33　自定义页面装修界面

图 6 - 34　加入美颜切图模块后的可视化装修界面

3）点击美颜切图模块属性框中的“上传图片”（见图 6－35），按照从上往下的顺序分别上传自定义页面的图片。上传后勾选属性框中的“隐藏该模块下方的白色间隙”（见图 6－36），可以实现页面无缝连接效果。最后点击“保存”按钮即可。

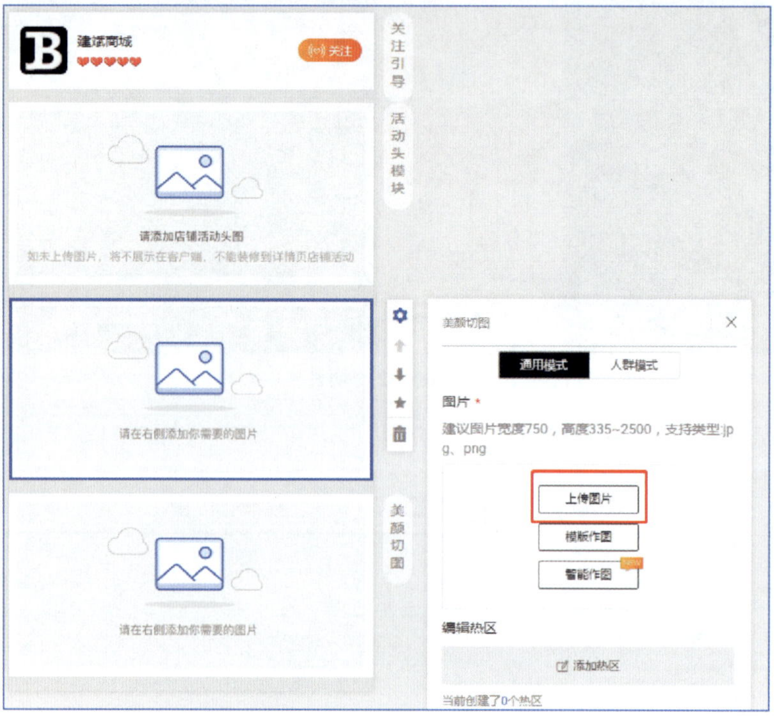

图 6－35　上传自定义页面的图片

图 6－36　美颜切图模块属性框

4）图片全部上传后的可视化界面效果如图 6－37 所示。

图 6－37　图片上传后的可视化界面效果

（4）添加热区链接。

1）选择需添加热区链接的“美颜切片”模块，点击属性框中的“添加热区”（见图 6－38）后将自动跳转到“热区编辑器”界面（见图 6－39）。

图 6－38　添加热区

图 6－39　热区编辑器界面

2）在热区编辑器的图片上通过拉动鼠标确定多个热区链接的区域范围，然后在对应的输入框中输入链接地址（见图 6－40），最后点击右上角的“完成”即可。

图 6－40　添加热区链接后的界面

3）其他需添加热区链接的“美颜切片”模块重复以上步骤即可。最后点击装修界面右上角的“保存”。

4）预览测试链接并发布。点击右上角预览，弹出二维码（见图 6－41），用手机淘宝“扫一扫”即可进入手机端自定义页面。测试商品链接均正确后，就可以点击“发布”了。

图 6－41　预览

手机端查看的自定义页面（年货节活动专题页面）效果如图 6－42 所示。

图 6 - 42　手机端查看的自定义页面效果

同步实训

任务名称	上传网店会员活动页面
任务要求	要求会员活动页面呈全屏效果，且热区链接准确
制作规范	宽 1 920 px，高 2 500 px 以上，jpg 格式
会员活动页上传	1. 页面上传的方法 2. 会员活动页的网页地址

实训笔记

记录学习过程和任务实施中的重要知识点、所需要的学习应用资源，以及老师指导任务时提出的要点。

知识要点 / 学习问题	知识点的具体解释 / 学习应用资源 / 老师指导任务要点
1.	
2.	
3.	

情境考核

考核任务：品牌介绍页面设计

一、考核目的
了解品牌介绍页面的设计方法及步骤，掌握如何为“三年二班”文体店设计一张品牌介绍页面
二、考核准备
1. 组队：以小组为单位，3 ～ 4 人一组，并选出一名组长，分配好组员的工作 2. 素材：商品图片若干，见情境考核素材

续表

三、考核任务
完成“三年二班”文体店的品牌介绍页面设计，要求包含品牌价值、品牌故事、品牌愿景等内容，排版合理，配色、风格能体现店铺品牌特性，能烘托品牌实力。设计规格以手机端自定义页面尺寸规格为准
四、任务步骤
1. 明确自定义页面的类型 2. 撰写品牌介绍页面策划书 3. 确定品牌介绍页面风格、配色、排版形式、点缀物、字体 4. 收集品牌介绍页面相关素材 5. 用 Photoshop 制作品牌介绍页面 6. 对制作好的品牌介绍页面进行切片 7. 上传并发布品牌介绍自定义页面
五、任务实施
1. 自定义页面的类型 2. 规划品牌介绍页面布局

3. 确定风格、配色

风格	
主色	
辅助色	

4. 确定排版形式
5. 确定点缀物
6. 确定字体
7. 收集素材
8. 用 Photoshop 制作
9. 进行切片
10. 使用合适的上传方法发布自定义页面

续表

六、考核评价						
评价项目	评价指标	分数	评价说明	自我评分	小组评分	教师评分
作品评价（50分）	页面内容	10分	简明扼要传播品牌文化精神，能有效烘托品牌实力，树立良好的品牌形象			
	版面设计	10分	主题突出醒目，有突出重点的主题位置和空间，空间布局新颖，能够吸引受众的注意力			
	色彩应用	10分	色彩应用符合品牌的视觉识别要求			
	制作技术	10分	文件尺寸符合店铺需要，图像制作精美，在制作过程中对软件运用熟练			
	页面创意	10分	构思巧妙，能激发想象力			
完成态度（30分）	职业技能	10分	设计符合店铺需求，能够拓展相关知识，并通过多种形式加以展示			
	工作态度	10分	态度端正，工作积极认真			
	完成效率	10分	能在规定时间内按质按量地完成分配的任务			
团队合作（20分）	沟通分析	10分	能主动提出问题，快捷有效地明确设计意图和需求			
	团队配合	10分	能与相关同学良好协作，共同完成工作			
计分						
总分（按自我评分20%、小组评分30%、教师评分50%计算）						
七、学习心得						

拓展训练

通过对本情境的学习，请你为自己的店铺分别设计活动专题页面、会员活动页面、品牌介绍页面和售后服务页面。

参考文献

[1] 阿里巴巴商学院. 网店美工. 2版. 北京：电子工业出版社，2019.
[2] 谭静. 视觉营销与运营实战：从入门到精通. 北京：人民邮电出版社，2019.
[3] 曹培强，王红蕾，郑赞辉. 手机淘宝店铺装修设计与运营推广专业教程. 北京：清华大学出版社，2016.
[4] 梁芳. Photoshop网店装修设计（全彩）. 北京：电子工业出版社，2016.